生活大爆炸
BIG BANG THEORY

中国科普研究所
科学媒介中心 / 编著

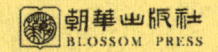

contents 目录

第 1 章 生活中的数理化

1-1　生活中的化学　……002

1-2　为什么下雪了要撒盐？　……008

1-3　跑道为什么不是方形的？　……011

1-4　世界名画里藏着哪些数学知识？　……014

1-5　为什么说拓扑学家分不清咖啡杯和面包圈？　……016

1-6　一厘米线段上的点与太平洋面上的点一样多吗？　……019

2-1　0 和 1 的世界有多神奇？……024

2-2　时间也是一种晶体？……027

2-3　上帝粒子对人类意味着什么？……031

2-4　机器人三定律需更新……036

2-5　神奇的粒子机器人……042

2-6　AI 会是你的下一个朋友吗？……046

2-7　人工智能时代的人类生存指南……051

2-8　蓝光的危害……055

第 2 章

科技大爆炸

contents 目录

第 3 章 生命与健康

- 3-1　基因分好坏吗？ ……062
- 3-2　干细胞到底有什么用？ ……065
- 3-3　靠克隆技术能复制爱因斯坦吗？ ……068
- 3-4　听科学家讲一百年前的故事 ……071
- 3-5　亦敌亦友的微生物 ……080
- 3-6　病毒如何欺骗免疫系统？ ……089
- 3-7　疫苗能打一针管一生吗？ ……095
- 3-8　令人惊艳的医疗黑科技 ……098

4-1　诺贝尔为什么设立和平奖？ ……106

4-2　搞笑诺贝尔奖 ……109

4-3　核聚变：人类未来的清洁能源 ……117

4-4　屁也是清洁能源吗？ ……122

4-5　梦幻材料：碳的七十二变 ……125

4-6　人类能否穿越时空？ ……132

4-7　如何像科学家一样思考？ ……135

第 4 章　科技与社会

$\cos \theta$

πr^2

$\tan \theta$

$a^2 + b^2 = c^2$

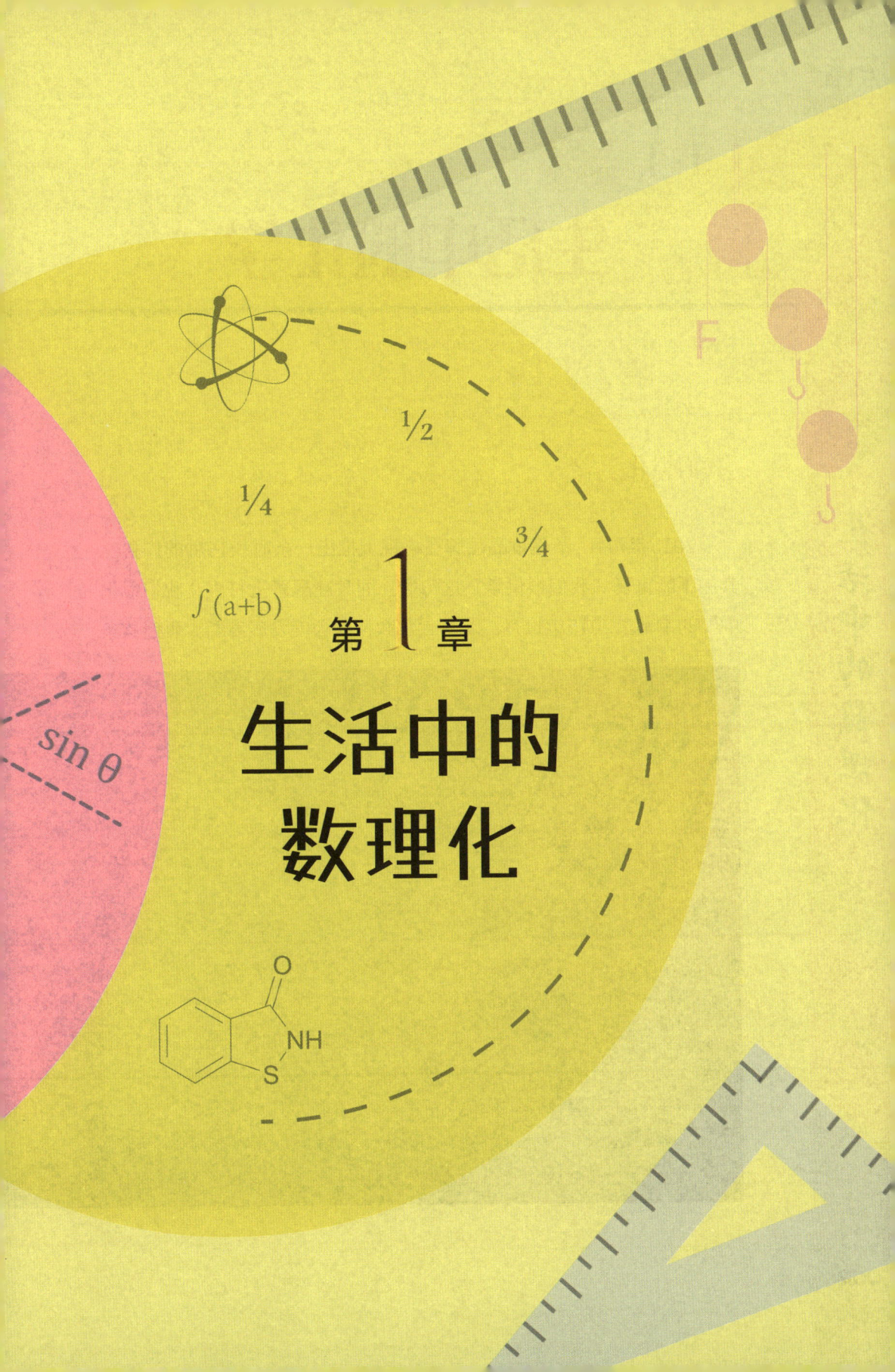

第 1 章
生活中的数理化

1-1 生活中的化学

"我们恨化学"？

2015年7月，某化妆品品牌在电视上推出一条时长15秒的广告，其中不断重复"我们恨化学"这句话，同时在屏幕上打出"我们恨化学"的字幕。2015年11月，北京大学教授周公度发表声明，质疑该条

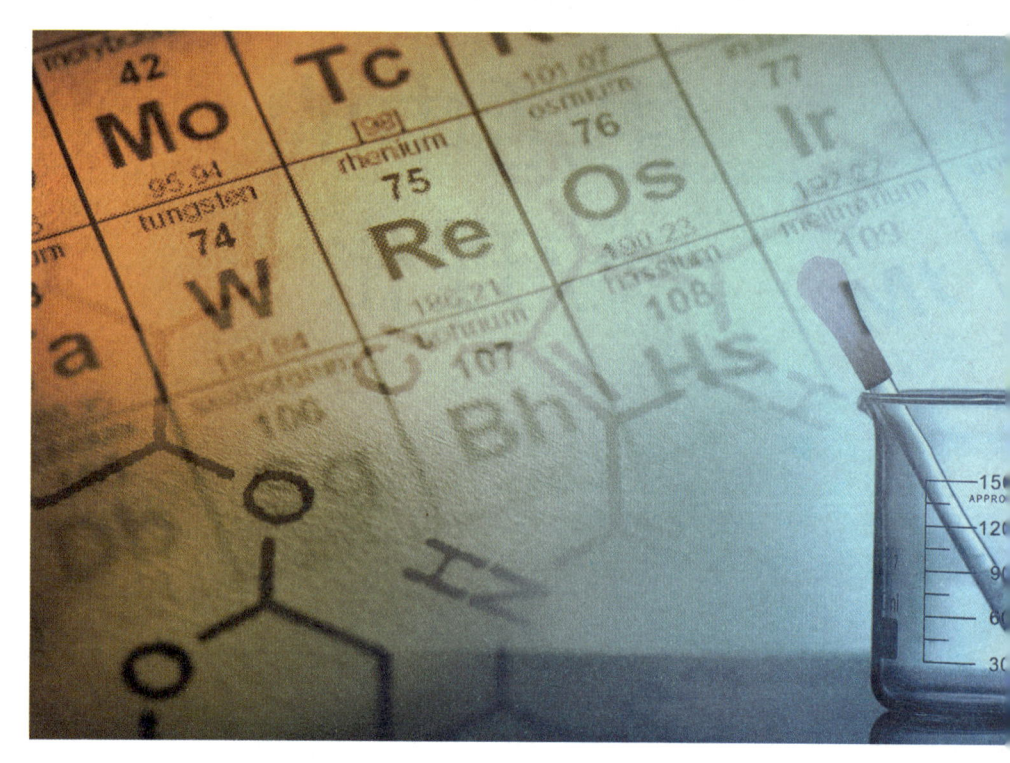

广告反科学、干扰化学教育。随后，中国化学会公开致函电视台，要求撤销广告、公开致歉。

"我们恨化学"广告事件在网络上引发了热烈讨论。该广告创意的初衷是突出其产品自然健康的品牌形象，与一些非法添加化学物质的化妆品形成区别。但事实上，现在市场上没有任何化妆品完全不含化学成分。更重要的是，稍有化学常识的人都不会把化学制品与"有毒有害"画上等号。

公众对化学的态度

即便是"化学≠有害"这样显而易见的科学常识，在日常生活中也时时受到非理性的排斥和否定。"我们恨化学"这类广告不仅出现在中国，国外也屡见不鲜。不少产品广告利用人们对于"纯天然"的正面联想做文章，强化的却是人们对化学产品的负面印象。此外，还有一些机构毫无原则地提倡"远离化学的健康生活"，也使得化学产品饱受误解。

英国皇家化学学会在2015年发布的一篇研究报告中指出，人们相信化学使我们的社会生产获益，但公众对化学的态度仍然倾向于中立，因为人们感受不到化学与个体生活的关联，亦缺乏对化学具体应用的了解。与此相反，化学的一些负面影响却非常容易视觉化、典型化。

在接受调查的2104位英国成年人中，有51%的人对化学持中立态度，有30%的

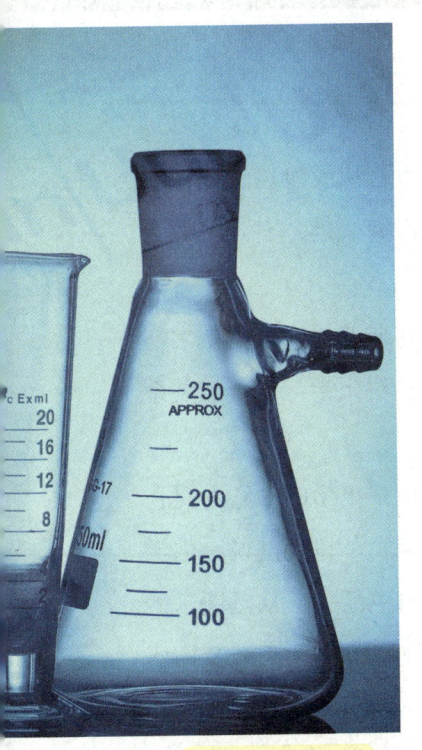

化学实验工具

第1章

生活中的数理化

土壤中的化学

人表示乐观或兴奋，有2%的人对化学的态度为悲观或愤怒。其中，有43%的人认为化学与自己关系不大、对化学没有兴趣，有13%的人认为化学与自己密切相关、对化学感兴趣。

即使在英国这样的老牌工业国，也有超过四成的民众认为化学与自己关系不大。如此看来，公众对化学的认识、对化学与自身的关系的了解，仍然存在一些问题。

周公度教授在《化学是什么》一书中写道："化学的中心含义在'化'字，化指变化、转化、造成万物之造化等。"也就是说，化学是研究不同物质之间相互转化的学问。在我们的生活中，从煮饭、炒菜、酿酒、做豆腐，到冶金、炼油、制药、造飞机，无一不涉及物质的转化和生成。

生活中的化学

如果这些宏观的应用仍然无法让你感受到自己与化学的紧密联系，那么我们就一起来了解一下日常厨房里的化学。

首先，我们需要准确理解"化学物质"这个概念。可以说，我们周遭的一切都是由化学物质构成的：水是一氧化二氢，盐是氯化钠，醋的主要成分是乙酸，酒的主要成分是乙醇……化学物质可以是人工合成的，也可以是天然的。

人类每天都需要摄入各种化学物质，包括水、碳水化合物、蛋白质、脂类和一些维生素、无机盐等，也正是这些化学物质构成了人类的身体。

乙酸分子模型

蛋白质、碳水化合物和脂类统称为营养大分子，它们为我们提供了每天所需要的能量。构成营养大分子的元素主要是碳、氢、氧、氮四种。蛋白质由称为氨基酸的小分子化合物相连形成，它富含在蛋、肉、豆类和面粉等食物中。碳水化合物主要由碳、氢、氧构成，具体形式包括糖、淀粉和纤维素。脂类也主要由碳、氢、氧构成，但脂质比相同质量的蛋白质和碳水化合物所含的能量高出一倍以上。也许正因如此，脂类给人们留下了更坏的印象。但是，健康的脂肪也是我们健康饮食中不可或缺的一部分。

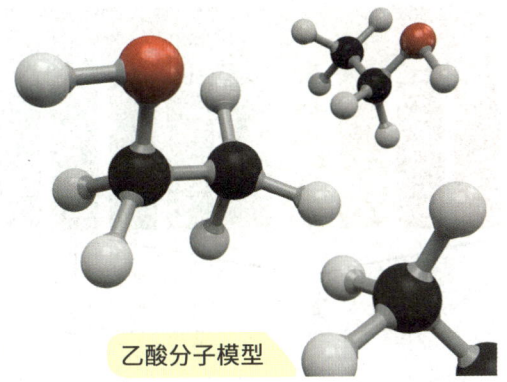

谈到厨房中的化学，不得不提到酸和碱。我们知道，有很多食物和饮料都是酸性的，比如苹果、酸奶、西红柿。可乐的pH值在3.2左右，足以用来去除金属上的锈。可乐的酸性是由其成分中的磷酸造成的，人的胃液中也含有磷酸，但我们的胃液比可乐的pH值更低，酸性更强。苹果和橘子的pH值与可乐相当，而柠檬的酸性则较之强十倍。食物的酸性成分与其他化学物质结合，会给食物带来独特的风味。如果没有酸性成分，许多食物都会变得平淡无味。从化学的角度来说，与酸相对的就是碱。酸性物质的pH值小于7，而碱性物质的pH值大于7。我们常见的碱性食物比酸性食物少，苏打水、蛋类和一些烘焙制品都是碱性食物。

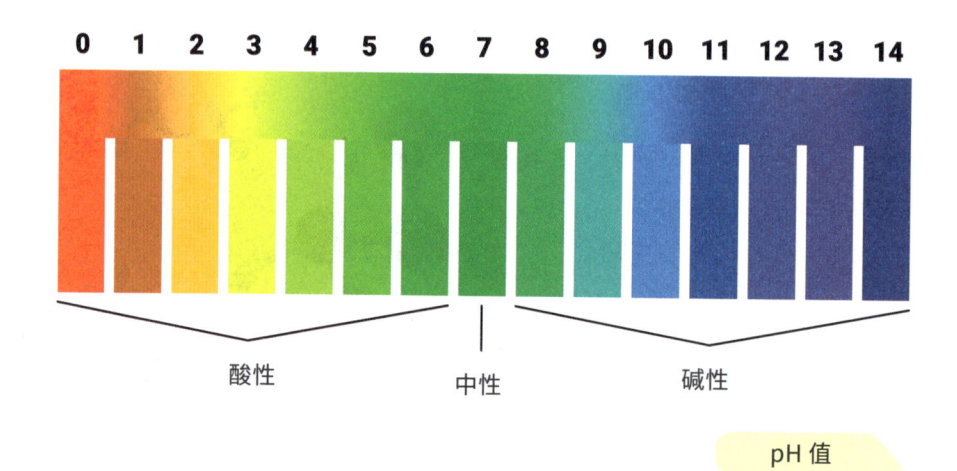

pH 值

烹饪是一门化学的艺术。加热、冷冻、混合搅拌是我们在实验室和厨房中常用的方法。我们烹饪时，大量的物理和化学过程相结合，使我们的食材发生奇妙的变化。比如，糖和蛋白质在一定温度下发生复杂的美拉德反应[①]，导致被烹饪的食材发生褐变——适度的高温使之散发焦香的味道，而过高的温度则使之变得焦煳。又如，加热时，淀粉与水的结合产生胶体的口感，这是制造意式奶冻的关键。

[①] 美拉德反应由法国化学家路易斯·卡米拉·美拉德于1912年首次发现。具体指的是，食物中的还原糖和蛋白质在加热时，产生了棕黑色的大分子物质。简而言之，就是烹饪时让食物颜色变黑。

厨房里除了食物，还有其他一些化学物质。比如，用于清洁的氢氧化钠和氨水是具有腐蚀性的强碱，而肥皂及其他一些去污剂的碱性则相对较弱。一些酸性清洁溶液也很常见，如用于清洗水垢的柠檬酸。

柠檬中的柠檬酸可以去水垢

化学和数学、物理一样，是当代自然科学领域的基础学科，它广泛应用于工业、农业、能源、材料、医药卫生等各个领域，也深入渗透于我们日常生活的点点滴滴。在人类社会高速发展的过程中，资源匮乏、环境污染、生态失调、能源危机等问题逐渐凸显，但人类不能因噎废食，正如人类不能因为化学应用的一些负面新闻而否定所有化学产品，甚至否定一个学科。在人类未来的发展中，绿色化学的研究发展也许是解决人类和自然环境之间诸多矛盾的一剂良方。

1-2 为什么下雪了要撒盐？

每到冬天，不管是孩子还是成年人都盼望着下雪。有的人还会在社交软件上搜索下雪的视频——"云看雪"。雪景虽美，但是下雪后道路湿滑，很可能结成冰，会严重影响交通。此时，市政部门会安排专用车辆在路上撒盐，这是为什么呢？

撒盐除雪车

他们使用的是粗盐或盐水溶液，用来防止道路结冰，从而保障车辆、行人的安全。这种盐与厨房里的食用盐非常相似，化学成分都是氯化钠（NaCl）。道路用盐不像食用盐那样纯净，因为含有一些微量元素，它呈棕灰色。这些盐水在道路上积存或者四处流动，会对环境产生一些意想不到的后果，对植物、水生动物和湿地会产生负面影响。但是，这是一种廉价而有效的保护道路免受冰冻的方法，其中涉及一个简单的科学原理：使水的冰点降低。水的冰点是指它变成冰的温度，也就是0℃。因此，如果下的是雪、雨夹雪或冻雨，地面温度是0℃或更低，道路上会结冰。

盐可以防止水分子在0℃凝结成冰，最终达到冰冻温度在零下9℃左右。这意味着当温度高于零下9℃时，水将保持液体状态而不会结

撒盐除雪

冰。冰点降低的程度取决于溶液中盐的含量。值得注意的是，盐必须在含有液态水的溶液中才能达到这一效果。这就是许多城市会在雪水形成冰之前喷洒盐溶液的原因。

倾倒在冰面上的盐由于太阳照射或来自汽车轮胎的摩擦力，将冰融化成水，和土构成可与盐混合的泥浆，而不会再重新凝固。而在较温暖的路面，融化积雪或冻雨，使其与盐充分混合。固体盐在桥梁上通常不起作用，是因为桥梁上的路面温度比其他道路上低。

盐溶液能将水的冰点降低到零下9℃左右。当温度更低时，盐溶液不能够起到完全除冰的效果，使用的替代策略是将沙子撒在冰上。沙子不会改变融化温度，它只是使路面更加粗糙以防止出现轮胎侧滑。

1-3 跑道为什么不是方形的？

不知你是否注意到，不管是学校的操场还是正规的体育场，跑道的模样总是差不多：它既不是方的，也不是圆的，而是由两条直道加上两条半圆形弯道组成的。为什么要这样设计跑道呢？

鸟巢（国家体育场）

跑道的样式是由国际田联规定的，这样的设计更符合人体运动的习惯。进一步说，这与物理学中的惯性有关。我们知道，物体在任何运动中都会产生惯性，人跑步也不例外。人在运动过程中有保持原来运动状态的趋势，要改变这一趋势就需要借助外力的作用。如果将跑道设计成圆形，那么运动员每时每刻都要改变运动方向，相当于要一直克服惯性，体力消耗就会比较大。如果设计成矩形，跑道虽然全部由直道组成，但每个转角都是90度，运动员的转向角度过大，克服惯性需要更大的力量，不利于运动的连贯性。因此，跑道的设计者采

取了折中的办法，将跑道设计成由两条直道和两条半圆形弯道组成，减少了运动员因改变方向、克服惯性带来的体力消耗。

在生活中，像这样的"圆形、矩形之争"可不少。比如，车轮都是圆形的，因为圆周上的所有点到圆心的距离相等，车子行驶起来很平稳；自行车的车架是三角形的，因为三角形最稳定；把计算机显示器设计成矩形，则是因为人们的视觉习惯于捕捉横向或纵向的文字，而非弧形排列的文字。

可见，在我们习以为常的细节中，时时处处蕴藏着数学知识。如果不从现在起就打好基础，养成仔细观察、善于思考的习惯，没准在日常生活中会闹出笑话呢！

古代的车轮

第1章

1-4 世界名画里藏着哪些数学知识?

在人们的印象中,艺术和数学"风马牛不相及"。然而数学和艺术都是人类智慧的结晶,分别是逻辑思维和形象思维的高度抽象的表现形式,它们在哲学的层次上殊途同归。

人们走进美术馆,欣赏那里收藏和展出的艺术作品时,也许并不知道,很多经典作品的背后都隐藏着一些数学知识。

测量并分析达·芬奇的名画《蒙娜丽莎》,你会发现一个熟悉的比值。对,那就是黄金分割。以蒙娜丽莎的下颌作为分界线,作品将人物分为两部分,较大部分与整体部分的比值等于较小部分与较大部分的比值。这个比例被公认为最具美感的比例,因此被称为黄金分割。

当然,艺术家在他

《蒙娜丽莎》

生活中的数理化

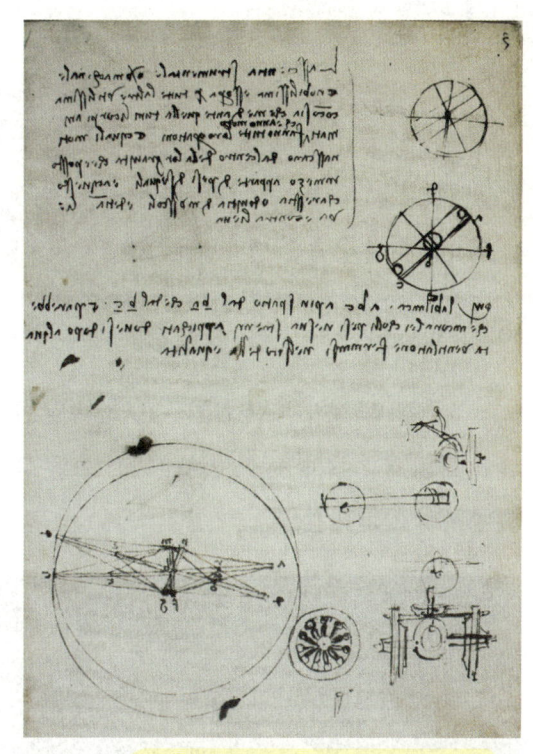

们的画作中不仅应用了黄金分割、几何透视等数学规律，还有意无意地探索并应用映射、变换、投影、互耦、展开、抽象等数学元素，使他们的创作具有更强的表现力。拉斐尔、莫奈、塞尚、凡·高、康定斯基、毕加索是其中的杰出代表。数学艺术家埃舍尔更是让他的艺术直接表现出抽象的数学，达到了哲学巅峰的高度。

艺术作品中应用着几何规律

1-5 为什么说拓扑学家分不清咖啡杯和面包圈？

在拓扑学家中流传着这么一句俏皮话：一个拓扑学家分不清咖啡杯和面包圈之间的差别。这是为什么呢？要回答这个问题，我们首先要了解什么是拓扑学。

拓扑图形

拓扑学是近代发展起来的数学领域中一个重要的分支，研究的是几何图形在连续形变下保持不变的一些特性。所谓几何图形的连续形变，就是允许将几何图形进行伸缩和扭曲等变形，但不能割断和黏合，所以拓扑学又被称为"橡皮膜上的几何学"。比如，我们在橡皮膜上画一个三角形，然后随便拉扯甚至扭曲，只要橡皮膜不破，所画的图形就是在做连续形变。美国科幻电影《终结者2：审判日》里，那个液态机器人杀手的每次变化都可以看作连续形变。只要图形的闭合性质不被破坏，在拓扑学上它们就都是等价图形。所以，对于拓扑学家来说，咖啡杯和面包圈没什么区别，二者是等价的，因为咖啡杯可以通过连续形变成为面包圈。

拓扑学的发端还与一个有趣的小故事有关：18世纪，俄国哥尼斯堡的大学城里有两个被一条河穿过的小岛（下图中A点和D点），共

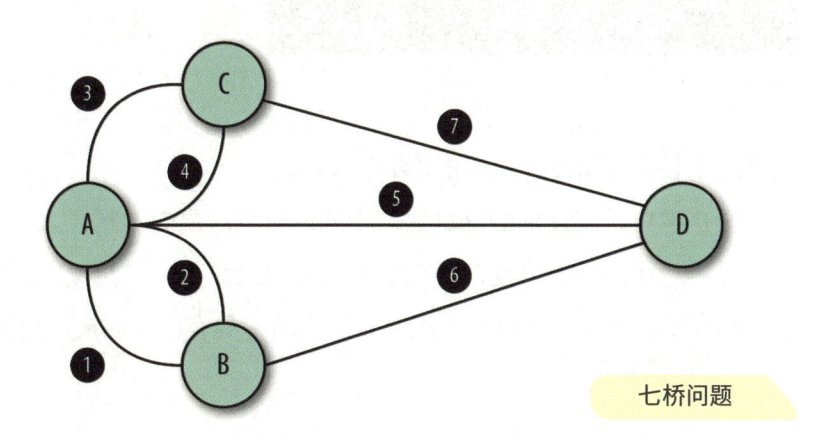

七桥问题

有七座桥连接着小岛与河岸。怎样走才能经过每座桥，而且每座桥只走一次呢？瑞士数学家列昂纳德·欧拉采用数学方法，将这个问题归结为如上图的"一笔画"问题：能否从某一点开始最后回到同一点，中间任何一条线不能重复。最后欧拉得出结论：按题干要求的方式经过七座桥是不可能的。"七桥问题"就是一个拓扑学问题，因为把七桥连成路径，无论桥和路如何连续变化，都不影响问题的答案。欧拉

欧拉

因解决了七桥问题而被誉为拓扑学的鼻祖。

　　拓扑学只研究图形的等价性，不考虑研究对象的形状、大小、位置等因素，从而使很多复杂而抽象的问题大大简化，这也决定了拓扑学在物理学、生物学、化学、经济学等领域都具有广泛的应用价值。

1-6 一厘米线段上的点与太平洋面上的点一样多吗？

太平洋的面积有1.81亿平方千米，有四个亚洲那么大，洋面上的点，竟然和一厘米长线段上的点一样多，这不是天方夜谭吗？然而，这看似不可能的假设，竟然被德国数学家康托尔证明了。

想弄明白这个问题，首先要明确"点"是什么。点是数学、几何

地球上的太平洋

第1章

等学科中常用的概念。点构成线，线又构成面。如果把10颗棋子排成一行，那么每颗棋子就是一个点，这一排棋子就叫作一条线。如果将10个西瓜排成一行，那么每个西瓜就是一个点，一排西瓜就叫作一条线。不管棋子和西瓜的大小多么悬殊，在数学、几何等学科中，它们各自作为点，都是平等的，没有大小、长短之分。可见，"点"是一个相对的概念。

如果给这些棋子和西瓜"配对"，每一颗棋子刚好可以和一个西瓜相配，一个不多，一个不少，这就叫作"一一对应"。

棋子也好，西瓜也好，都是有具体体积的实体，而数学、几何等学科内的点则是指"零维度对象"，也就是把棋子或者西瓜想象成无限缩小的点，小到任何东西都比它大。

那么，用这样的点填满一厘米长线段，需要多少个？用这样的点铺满太平洋面，又需要多少个？你的答案可能呼之欲出：既然点是无限小的，那么不管铺满线段还是铺满太平洋面，都需要无数个啊！恭喜你，凭着自己的想象和推论，就弄明白了困扰数学家和哲学家几个世纪的概念——无穷集合。

康托尔

德国数学家康托尔先是证明了无穷集合可和自己的一部分一一对应，几年后又进一步证明了平面和线段上的点可以一一对应，并在此基础上发展成为集合论。1883年，康托尔又提出了广为人知的康托尔三分集。此点集具有自相似性，包含无穷多个点，所有的点处于非均匀分布状态。

集合论已成为整个数学大厦的基础，康托尔也因此成为世纪之交最伟大的数学家之一。

一厘米线段上的点与太平洋面上的点一样多吗？

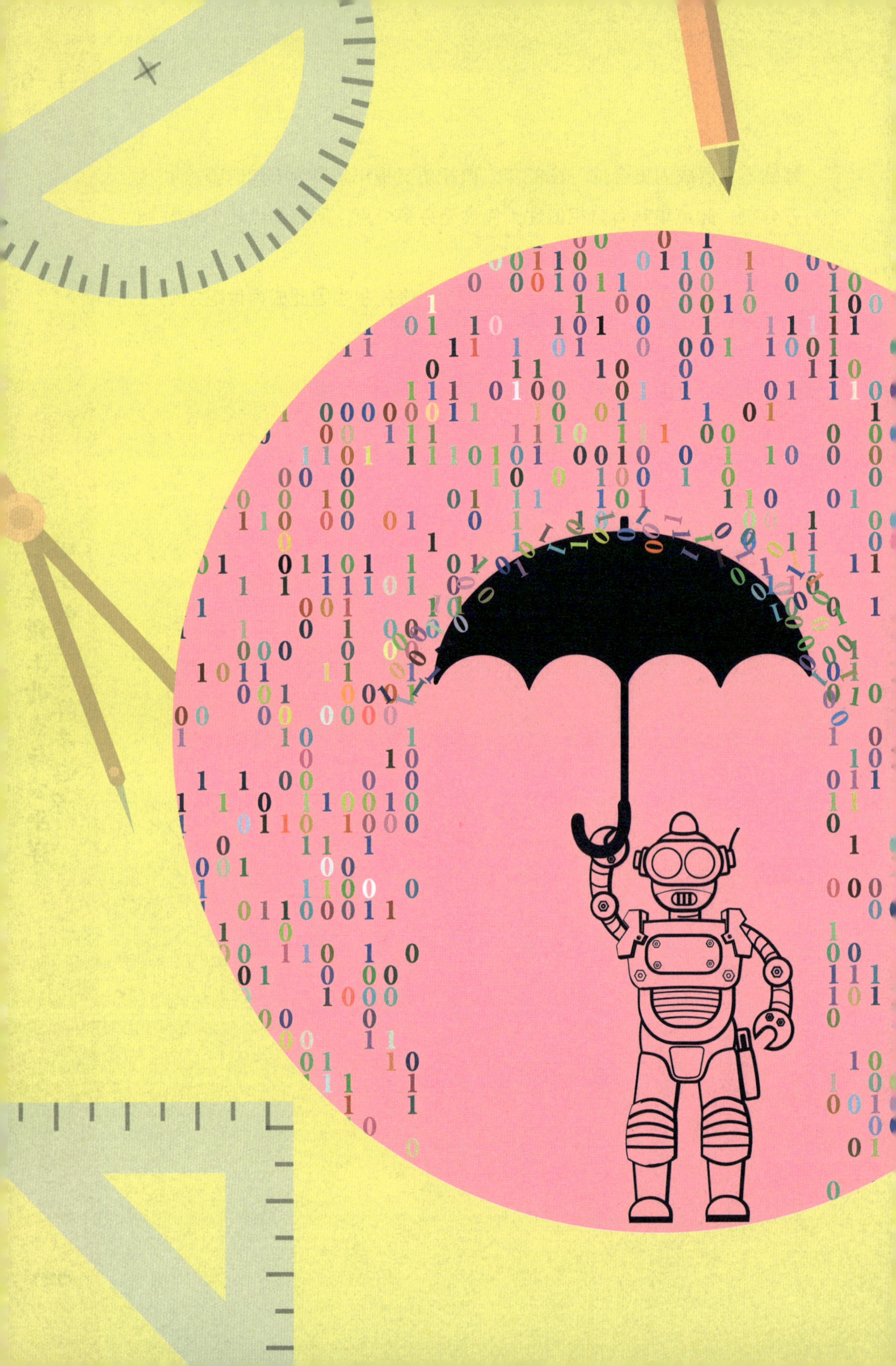

第 2 章
科技大爆炸

2-1 0和1的世界有多神奇？

从1数到10，对我们来说很简单，毕竟我们有10根手指。如果一只小鸭子需要数数，它将怎么数呢？伸出一只翅膀是1，再伸出一只翅膀是2，要数3……可就难啦！

半个多世纪前，科学家在发明计算机的时候，也遇到了同样的困难。当时的电子元件很原始，基本只有"开"与"关"两种工作状态，想要可靠地表示从1到10的数值实在太难了。要利用高速的电子

0与1二进制

元件帮我们进行计算，就必须找出适应电子元件工作方式的计算方法。

幸运的是，17世纪的数学家莱布尼茨找到了解决这个问题的答案。在他的手稿里，描绘了二进制这种奇妙的数字系统。

二进制只有0和1两个数字，却可以与十进制的自然数一一对应。二进制逢1进位，而十进制是逢9进位；二进制数和十进制数能相互转换，并且同样能进行各种运算。比如，十进制的1+1=2与二进制的1+1=10就是完全等价的。

二进制最大的缺点是数字很长，比如二进制数110110有6位，对应的十进制数54才有2位。看起来有点绕的二进制，诞生了几百年似乎都没有什么用处。不过，1和0正好与电子元件的"开"与"关"不谋而合。于是，二进制时来运转，成了计算机工作的基本数制。

有了二进制做基础，接下来的事情就简单多了。科学家把许许多多的电子元件按照一定规则组装好，它们就能勤勤恳恳地进行二进制计算了。

早期的计算机很"笨"，人们需要自己把十进制数转换成二进制数，然后制作出长长的穿孔纸带，有孔的位置表示"1"，没有孔的位置表示"0"。计算机"吞"下并识别纸带之后，才能知道需要计算什么数字。每次计算的规则，也要靠手工在操作台上扳动开关设定。

莱布尼茨

0和1的世界有多神奇？

第 2 章

等到计算机终于完成了计算，再把表示结果的穿孔纸带"吐"出来，或是用一大排指示灯告诉人们答案。这些纸带或指示灯都是用二进制表示的，还得再转换成十进制。即便如此，第一台计算机也比人工快上很多倍，每秒能执行5000次加法运算。

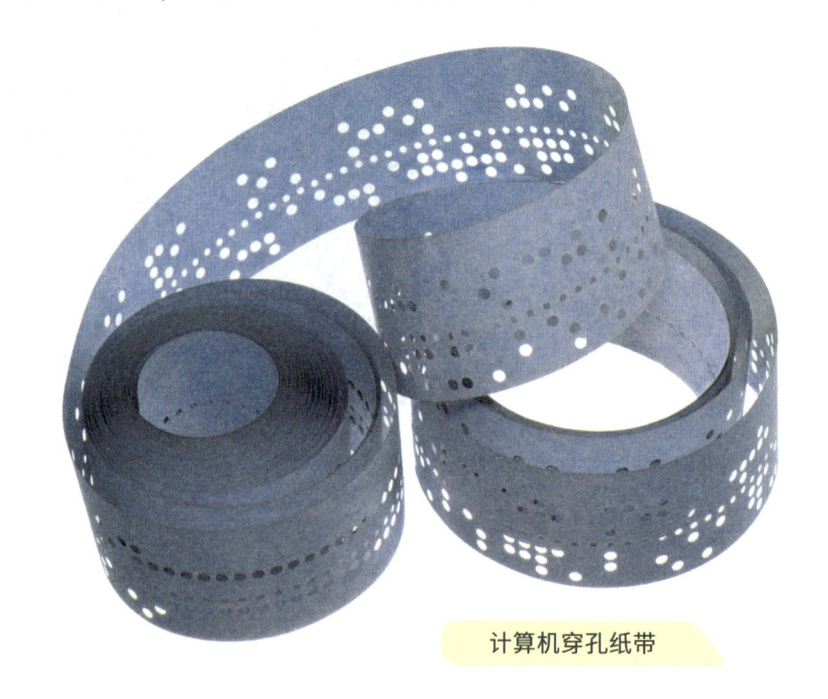

计算机穿孔纸带

随着科技的进步，计算机的计算速度越来越快，而且具备了更多的功能。人们发明了键盘和鼠标等输入设备、显示器和打印机等输出设备，计算机的应用变得越来越广泛。

相比刚发明出来的时候，计算机的速度和功能增强了无数倍，不过它的计算原理还是传统的二进制。普普通通的0和1，仍然是计算机世界中最基本的元素。

时间也是一种晶体？

爱因斯坦曾说，我们生活在四维时空，这个时空包含看得见、摸得到的三维空间以及一个名为"时间"的第四个维度。诺贝尔奖得主弗兰克·维尔切克首次提出时间晶体的概念。这个概念十分抽象，它意味着物理学进入了一个新的时代。

常规晶体是三维物体，它们的内部原子按照有规则的顺序重复排列，是具有对称性的。由于它具有规律的格子构造，在晶体中相等的晶面、晶棱、角顶会有规律地重复出现。所以晶体的对称性不仅表现在外部形态上，还表现在内部构造上，它的形成过程在各个方向是一样的，例如水晶、雪花等。

雪花晶体

物理定律中的空间也是对称的。在同一类别的物质中，晶体拥有最小的内能。晶体内部质点规律排列造就了质点间的引力及斥力达到完美平衡，晶体的各个部分的位能达到最低。但在物理定律中，不仅空间是对称的，时间也是对称的。时间晶体的概念由此而生。

时间晶体

时间晶体是一种四维晶体，在时空中拥有一种周期性结构。一个时间晶体能自发破坏时间平移的对称性。它可以随着时间改变，但是会持续回到与它开始时相同的形态，就如时钟不断移动的指针，会周期性地回到它的原始位置。与普通的钟或者其他周期性的过程不同的是，时间晶体和空间晶体一样，是最低限度的能量的一种状态。可以将它看作一只可以永远保持走时精确无误的钟，即便是在宇宙达到热寂之后也是如此。

科学家也提出，人们不应该局限于目前所认识的"空间平移对称性"三维空间物质，而需要探索诸如时间晶体等"非平衡态物质"。美国专家以金刚石和其中随机分布的100万个氮空位为实验平台，制造出了一种离散时间晶体，该实验方法验证了在多样本情况下的规则性，结果暗示时间晶体这种物质状态在自然界中发生的可能性比想象中要高。专家还利用电机囚禁离子的方式实现了类似的结果，但仅使用了70个镱离子，这种方法便于计算机模拟，以进行理论和结果之间的比较，但缺乏大规模样本的支撑。

研究人员表示，时间晶体类似于果冻。当你触碰这块果冻时，它就能晃动起来。唯一不同的是，时间晶体的抖动不会消耗任何能量。根据定义来看，时间晶体永远不会停止这种振荡，无论它们包含多少能量。这种神奇的结构类似于永动机，处于一种永动状态，但并不违背能量守恒定律。

研究意义

专家表示,时间晶体有能展示物理学核心概念中关于"时间平移对称性的自发性破缺"存在的意义。另一位专家称,对于时间晶体的研究尚处在初级阶段,期待发现更多有趣的东西。

研究时间晶体的概念,存在着实际和重要的科学理由:有了这种四维晶体,科学家将拥有一种全新的、更加有效的手段对复杂的物理属性和大量粒子的复杂相互作用进行研究,即研究物理学中所谓的"多体问题"。时间晶体同样可以被用来对量子世界进行研究,如量子纠缠现象:在这种状态中,当对其中一个粒子进行操作时,另外一个粒子也会相应地发生变化,即便这两个粒子之间隔着很远的距离。

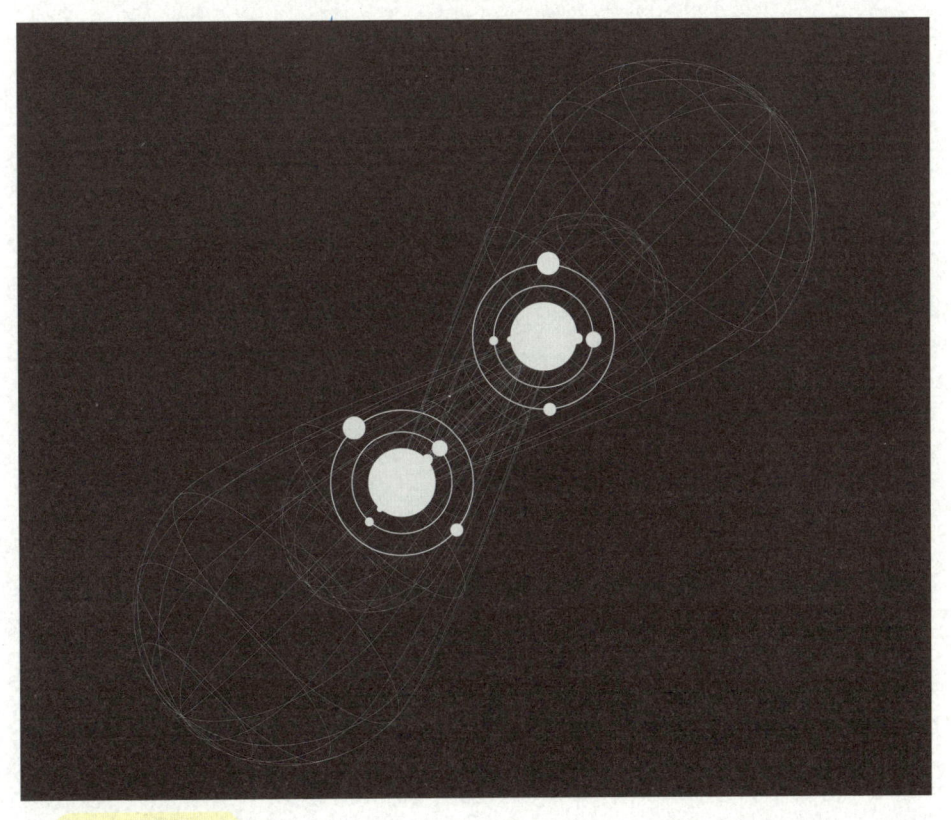

量子纠缠

时间晶体最酷的一点,是它能在绝对零度附近保持运动。因此,在专家的设想中,未来会有一天,人类可以对时间晶体进行编程,把大脑意识上传到时间晶体中,做成时光胶囊。它并没有输出,只能周而复始地重复我们预先编制好的程序。我们可以把一生中最美好、最难忘的回忆和感受存在其中,不断重演那些最美妙的瞬间。拥有了这样的时光胶囊,即使地老天荒,即使宇宙热寂,那些美妙的情感仍旧永存。

也许时间晶体将为物理学研究打开一个全新世界。然而,让爱与回忆超越宇宙尽头,才是我们研究时间晶体最浪漫的动机。

上帝粒子对人类意味着什么？

"上帝粒子"即希格斯玻色子，是标准模型预言存在的一种基本粒子，自旋为零（目前有争议），不带电荷、色荷，非常不稳定，在生成后会立刻衰变。

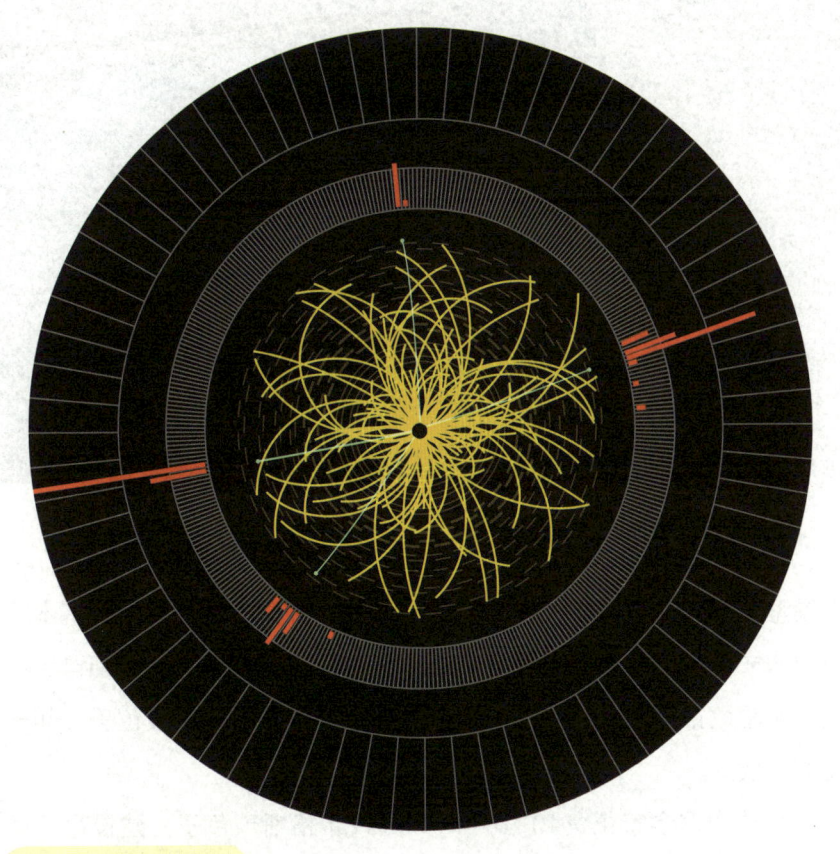

"上帝粒子"

第 2 章

科技大爆炸

20世纪60年代，物理学家构造出了一个标准模型来解释世界，标准模型主要描述了强力、弱力及电磁力这三种基本力以及所有基本粒子的构成机制。标准模型预言有61个基本粒子，其中有60个都已经得到了实验数据的支持与验证，但最后一个粒子即希格斯玻色子，却一直难以找到。

全球物理学家花费40多年时间寻找希格斯玻色子，建设昂贵而复杂的实验设施——欧洲大型强子对撞机（LHC）的主要目的之一，就是寻找与观察希格斯玻色子与其他粒子。

2013年3月14日,欧洲核子研究组织正式宣布,先前探测到的新粒子暂时确认是希格斯玻色子,具有零自旋与偶宇称,更多数据仍等待处理与分析。

同年10月8日,因为"次原子粒子质量的生成机制理论,促进了人类对这方面的理解,并且最近由欧洲核子研究组织的大型强子对撞机的超环面仪器及紧凑μ子线圈探测器发现的基本粒子得到证实",弗朗索瓦·恩格勒、彼得·希格斯荣获了2013年诺贝尔物理学奖。

欧洲大型强子对撞机下一步的目标就是寻找超对称预言的这些新粒子。同时,新的对撞机也在世界范围内进行筹划(日本甚是积极,已经把下一代对撞机的建设地址初步选定在其东部地区),我国也在积极推动建设一个中国希格斯工厂和超级质子对撞机,相信这也是实现中华民族伟大复兴的一部分!

大型强子对撞机

第 2 章

科技大爆炸

2-3 上帝粒子对人类意味着什么？

大型强子对撞机中的粒子碰撞

2-4 机器人三定律需更新

1942年，科幻小说家艾萨克·阿西莫夫在他的短篇小说《转圈圈》中第一次明确提出了"机器人三定律"，这一定律也被称为"现代人工智能技术的基石"。他描述了一个机器人像仆人一样的世界，但需要编程来防止机器人给人类造成伤害。从他发表那个故事至今，科学技术已经取得了重大进步。如今，人们对机器人的外观以及人与机器人互动的方式也有了不同的认知。

高速发展的人工智能技术创造出了大量设备，从自动吸尘器到军用无人机，再到整个工厂的生产线等。同时，人工智能和机器学习也越来越多地影响着我们的日常生活。这些发展使得机器人正以迅雷不及掩耳之势出现在社会的各个角落，人与机器人之间的互动也愈加频繁。

阿西莫夫的定律仍是指导人类开发机器人的模板。韩国政府甚至在2007年提出了一个响应该定律的《机器人伦理章

程》。鉴于机器人过去、现在以及未来的发展，我们不禁要问，21世纪的人工智能，应该怎样更新这些规则呢？

机器人三定律

阿西莫夫制定的机器人三定律旨在保护人类在与机器人互动时免受伤害：

机器人

扫地机器人

① 机器人不能伤害人类，或袖手旁观任人类受伤；
② 除非违背第一定律，机器人必须服从人类的命令；
③ 除非违背第一及第二定律，机器人必须保护自己。

如上所述，一个显而易见的问题是，今时今日的机器人早已不同于阿西莫夫所写的故事中的机器人了。所以，或许我们可以考虑设置一个门槛，复杂性低于这个门槛的机器人不必遵守该定律。因为很难想象，一个真空吸尘器会有谋害人类的能力，或者有要人类服从它的命令的能力。它只不过是一个执行单一任务的机器人，甚至在我们开启它之前即可预知它的任务。

在军事作战环境中，负责侦察、拆弹或承重的机器人，尤其是在非常危险的环境中保护人类的生命安全时，仍符合阿西莫夫的定律。

有人或许会认为，终极的军事目标是制造出可以上战场的武装机器人。在这种情况下，第一定律——不能伤害人——就成为一个有

军用机器人

机器人三定律需更新

争议的问题,因为军事的作用往往是通过在战场上对敌人造成伤害来拯救己方士兵和平民的生命。所以该定律可能需要从不同的角度予以考虑。

机器人定律实际上并没有对"什么是机器人"下一个定义。随着科学研究对技术的推动,新兴了许多专注于分子器件的机器人技术分支。

例如,由DNA和蛋白质制成的"机器人"可用于纠正基因紊乱。理论上,这些设备应该遵守阿西莫夫的定律。但它们已是人类不可或缺的一部分,这种一体化使得我们很难界定机器人是否有足够的独立性,可以在该定律下被终止运作或在该定律之外进行运作。客观而

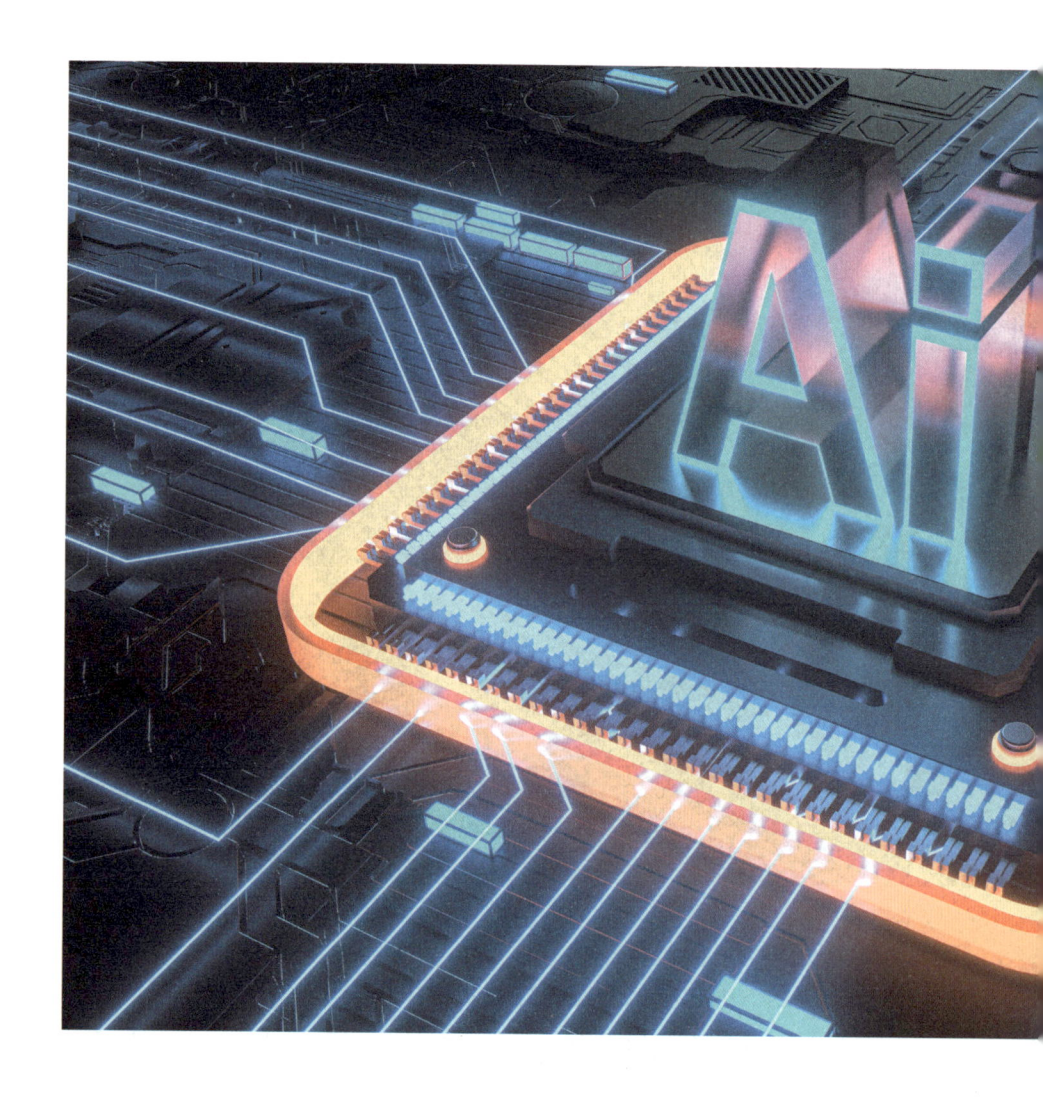

言，它不可能知晓自己如果执行了收到的任何命令后，是否会对人类造成伤害。

实际问题

阿西莫夫定律的另一大问题是，人们是否需要为了跟上机器人的脚步而大力发展人工智能技术。有时人们认为，研究人工智能的目标

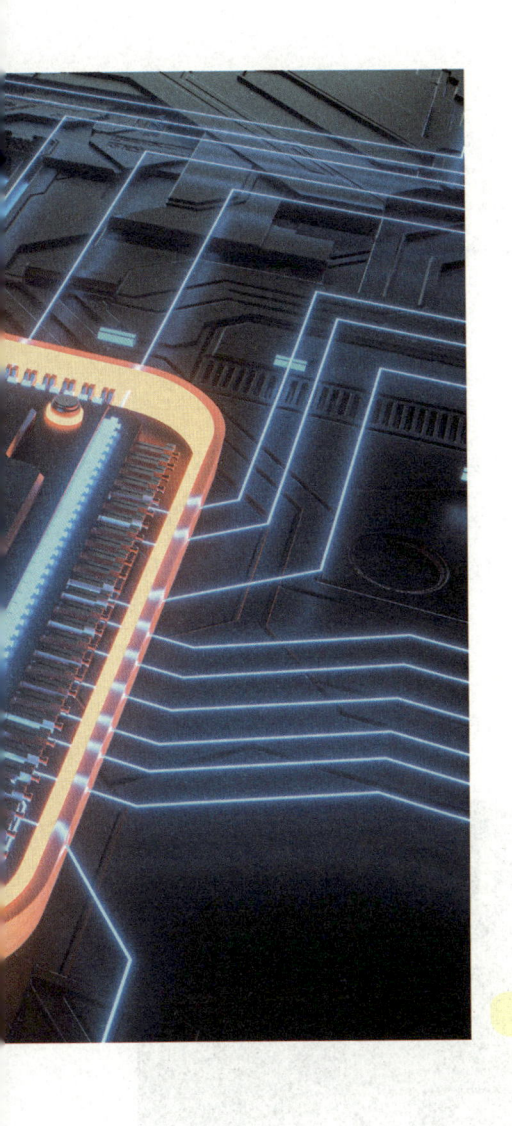

是开发出能像人一样思考和行动的机器。但到目前为止，人工智能技术貌似并没有在好好进行模仿人类行为的研究，而理性行为的研发也主要集中在有限的、定义明确的方面。

鉴于此，机器人只能在一个非常有限的范围内运作，同时阿西莫夫定律的任何理性应用也都将受到严格限制。即使如此，想成为一个能思考、做决定的系统，仍需要巨大的计算能力。

无论如何，阿西莫夫的定律都为那些想创建机器人代码的人提供了建设性意见。我们只是需要基于此而制定一套更为全面的规则。

人工智能芯片

2-5 神奇的粒子机器人

没想到吧，像细胞一样自由组合、灵活多变的机器人正在从科幻电影中走出来。在生物系统中，群体的大规模集体迁移是通过组件的耦合和协调来实现的，在伤口愈合的过程中，活细胞聚集并集体迁移。

受到生物机制的启发，来自麻省理工学院、哥伦比亚大学等机构的研究人员开发了一种粒子机器人，这种粒子机器人可以成群结队地移动、运送物体和完成其他任务，并且可以根据外界环境自主改变集群的形状，具有超强的灵活性和健壮性。

2019年3月20日，国际权威学术期刊《自然》杂志以封面论文的形式报道了这项研究成果，来自中国的李曙光是该论文的第一作者。

粒子机器人是如何动起来的呢？不妨让我们来看看这个客观的实验过

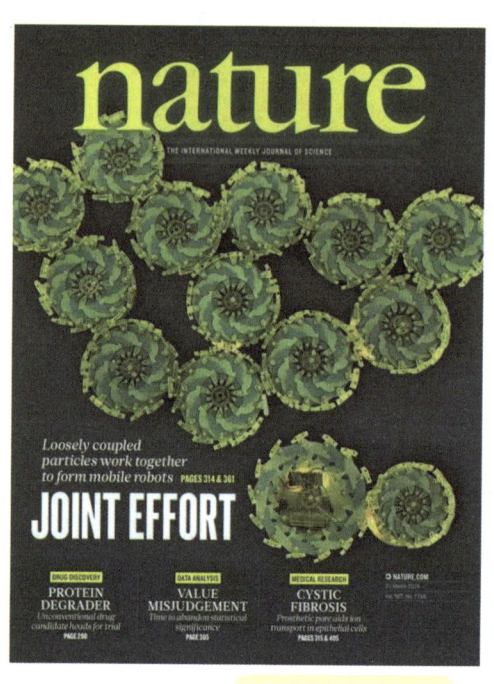

《自然》杂志

程。研究人员成功制作了一种只能沿半径方向扩张和收缩的粒子机器人，多个粒子机器人组成集群（松散耦合）时，能够自主地向光源移动。

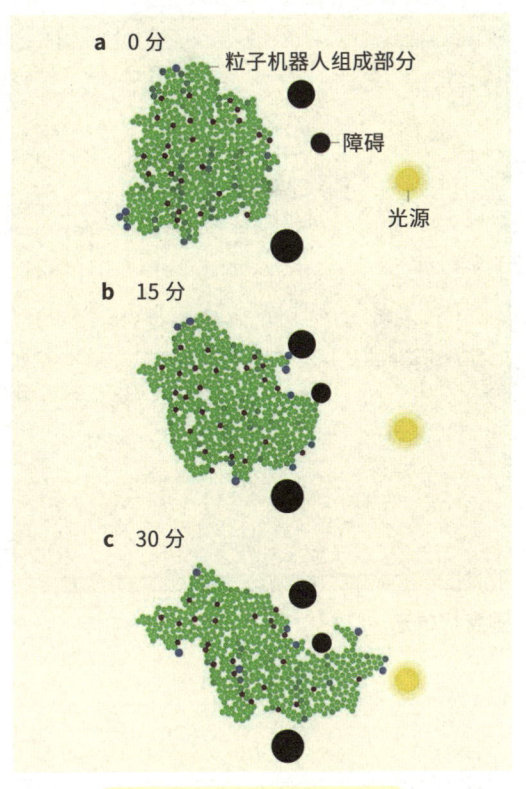

粒子机器人的运动

这种粒子机器人是由圆盘状单元组成的，圆盘状单元收缩时直径约为15.5cm，扩张时直径约为23.5cm。

粒子集群在没有外部光源刺激的情况下，只能随机移动；当有外部光源刺激时，集群可以朝光源移动。如果在集群和光源之间设置一个有缝隙的障碍物，集群也可以挤过这个缝隙，继续向光源运动。在运动过程中，集群还可以搬运微小物体。

值得注意的是，这些粒子机器人之间的通信是广播式的，而不是通过一个个"口耳相传"，因此可以增加或删减机器人，而不影响集

粒子机器人圆盘状单元

群的整体运动。

为了证明集群的稳健性，研究人员用虚拟仿真技术模拟了多达10万个粒子机器人的集群，发现哪怕多达20%的粒子机器人出现故障，集群仍能继续工作。

粒子机器人由圆柱形基座、电池、小型电机、传感器、微控制器、通信组件以及安装在顶部的霍伯曼飞行环(一种儿童玩具)组成。

霍伯曼飞行环上有许多小面板，每个小面板上都安装有两块小磁铁。这些小面板连接成一个圆形，可以扩张和收缩。多个粒子机器人通过小磁铁松散地粘在一起，就组成了一个粒子机器人集群。

为了使集群协调地运动，就要给粒子机器人编程，让它们按照精确的顺序扩张和收缩，从而推动整个集群向光源移动。为了做到这一点，研究人员开发了一种算法，该算法可以使粒子机器人的传感器接收到其他粒子机器人广播的光强信息。

粒子机器人的传感器用于检测外界光源发出的光强大小。假设光强等级分为1到10级，离光源最近的粒子机器人接收到的是10级，最远的接收到的是1级。光强等级决定粒子机器人扩张或收缩的特定顺序：接收到10级光强的粒子机器人首先扩张、收缩，紧接着接收到9级光强的机器人扩张、收缩，以此类推。

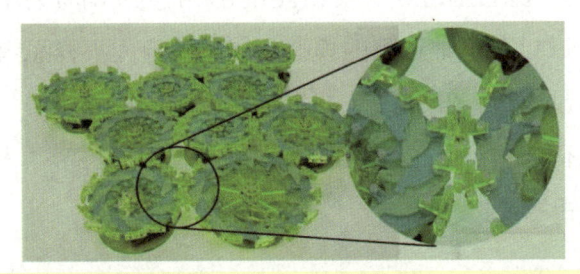

多个粒子机器人通过小磁铁松散地粘在一起，组成集群。

粒子机器人的未来

粒子机器人的关键和新奇之处在于：它不用集中控制，没有固定的形状，而且它的部件也没有独特的标识，每个粒子机器人都是各自独立的，没有任何个性化的身份信息。研究人员说："下一目标是将粒子机器人微型化，并且制造出由数百万个微型机器人组成的集群。"

这种微型机器人最具有前景的应用领域是生物医学，因为微型机器人集群可能会受化学梯度、氧梯度或癌组织环境pH值变化的影响而做定向运动，因此可以实现递送靶向药物的功能，这对于未来的癌症治疗和药物研发领域具有非常大的价值。此外，粒子机器人还具有诊断、探测、修复等应用潜力。

第 2 章

科技大爆炸

2-6
AI 会是你的下一个朋友吗?

人工智能（Artificial Intelligence）的英文缩写为AI。它是对人的意识以及思维过程的模拟，它能够像人那样思考，甚至有可能超越人类。2017年人机围棋大战，中国围棋第一人柯洁三负人工智能AlphaGo，他认为AI简直是围棋上帝，人类太高估自己的智慧了。

人工智能 AlphaGo 图标

既然AI能够思考，拥有智能性，那么我们能与AI进行交流，成为朋友吗？

在互联网和智能手机普及之前，青少年沉迷于漫画、杂志或电视节目。他们热爱时尚和音乐潮流，并试图在成长过程中找寻自己的身份。现在，科技的发展正在提供结交朋友的新方法，例如社交媒体。无论我们在哪里，移动媒体都可以让我们在网上体验身份、找寻自我。当然，获得友谊也是其中重要的

一部分。

　　然而，这种朋友关系与传统的朋友关系相去甚远。身处一个数字化、网络化的时代，我们可以拥有虚拟化的朋友，能够以各种身份进行交际，不用担心受到批评或指责。信息化时代固然有它积极的一面，但是这种以自我为中心的友谊会给真实的身份关系带来焦虑，并在现实社交场合中产生压力。

　　真正的社交实际上都是相同的，那就是根本没有任何接口——没有屏幕、没有指向设备。在会话中，所有无关紧要和没有意义的闲

设想中的人工智能

聊，都是人类互动的重要组成部分。

事实证明，将智能手机和社交媒体等技术运用于人与人之间的交流活动，通过社交技术形成情感纽带，这对于那些希望体验数字化社交的人来说是理想之选。那么，创建一个"真正的"网络虚拟化朋友就不足为奇了。

AI——最好的朋友

现在你就可以创建这样一位新朋友——AI聊天机器人。有线网络（Wired Online）公司自2017年11月份首次推出AI聊天机器人以来，该程序已经被下载了200万次。公司的宣传材料称，这位朋友（名字叫Replika）"永远在你身边"，并且毫不间断地倾听你所诉说的一切，并承诺成为"一个完全独特而忠实的虚拟化朋友"。对于那些缺乏自信、社交恐惧和身份意识缺失的人来说，这个消息是令人欣慰的。

这款应用程序很有趣，它能够从交互学习中开发不同的自我元素，你可以通过与聊天机器人互动来培训它的智能性。可以说，人与

网络聊天机器人 Replika 应用程序图标

机器人的情感交互，让机器有了温情。这位朋友没有身体，它通过手机与你进行思想交流。程序中的Replika拥有不同性格特征，例如自省、坚韧、聪明、温柔。该程序还可以使你"放松"，建立正确的人生观。

公司的宣传材料说："抽出一些时间，与你的Replika进入一个平静、平衡的环境。如今，我们都在手机上花费了很多时间。Replika希望你放下手机一分钟，专注于你的身体，去看看外部世界，呼吸一下新鲜空气。"

此外，Replika对一些关键短语也会做出反应。如果你说"停止"或"我不想谈论（话题）"，你的Replika就不会再与你谈论这些事情。

研究显示，与机器人聊天同与宠物交流有相似的作用。斯坦福大学教授赫瑟·奈特指出："社交实际上是人与人之间的互动。"

虚假的承诺

该程序可以鼓励人们进行自我反省和反思，还能够促使个人与虚拟化朋友达成一致的观念，你的Replika可以被认为是另一个你。这个过程类似于美国早期社会学家查尔斯·库利的"镜子自我"概念。这是一种通过别人来阅读自己的方式，站在别人的角度来思考自己。根据库利的概念，我们需要想象别人如何看待自己，别

查尔斯·库利

人是否喜欢自己，以及如何实现自我价值。

　　从新的AI朋友那里，我们总是会得到最满意的回应。而我们的自我价值则被局限于我们对自己的数字化想象以及移动智能设备存储的自我谈话之中。这其实是一份虚假的承诺，并不能真实地反映我们的社交能力。但无论如何，AI依然在走入我们的生活，而且许多人通过AI朋友获得安慰和快乐。

2-7 人工智能时代的人类生存指南

人工智能革命进行得如火如荼，不排除未来机器人会让人类上天无路、入地无门。倘若这样的假设成为现实，未来统治世界的，到底是人还是人工智能？机器人是否会奴役和消灭人类？未来不好预测，但未雨绸缪绝对有益无害，来看看这份人工智能时代的生存指南吧。

具有人工智能的汽车

第一步：知己知彼，百战不殆

兵法有云，冲突的第一步便是要全面了解你的敌人。首先你得承认，人工智能已经"兵临城下"。

其实人工智能并非一个全新的概念，它诞生于1956年的夏天。当时一群怀揣梦想的先驱者聚集一堂，梦想造出像人类一样聪明的机器。人工智能应运而生，并逐渐分化出机器学习、计算机视觉、语音处理等诸多学科。

目前深度学习所利用的主要技术是人工神经网络技术。受人类大脑模型的启发，这些数学系统基于被试验对象的特征，将输入模型映射到输出模型。举例来说，在计算机视觉中，特征是提供对象信息的一系列像素图案，特征作为图像的一部分，用于区分对象。例如，鼻子、耳朵和尾巴都可以作为特征来识别图中的对象是一只猫。

通常，监督式学习要求计算机通过对人类标记的大数据集进行训练，来"学习"这些数据之间的相互关系及规律。前期根据猫的视频进行识别的人工智能研究现已扩展到智能车辆驾驶等应用中。

人工智能网络

第二步：人工"智能"在哪里

掌握了这些知识，我们便能掌握哪里最需要人工智能。看看你的四周，注意那些需要处理大量数据才能完成的工作，比如，通过公众在网络上的点击模式来了解公众的需求，这样的大数据处理工作就需要人工智能来完成。

从本质上来讲，人工智能擅长需要大量重复处理的工作。如果这听起来很像你的工作，你可能需要考虑一下未来自己的生计了。

第三步：如何应对人工智能

与历史上的每一项巨大变革一样，人

第2章

们对像人工智能这样的新技术都心存恐惧。其实，目前只是缺少相应的"游戏规则"。人工智能将逐渐成为现代社会的一部分，人类理应寻求与其进行充分合作的机会。人工智能具有在人类能力不足的领域协助工作的巨大潜力。有些科技公司已经开始使用人工智能帮助临床医生进行医疗诊断、为用户量身定制个性化客户体验、创建降低环境成本的农业方法等。有些机构甚至将这种技术进一步发展，创造出融合人类大脑和人工智能双重优势的集成系统。

最终，人类与人工智能应是亲密的伙伴关系。如果你能力足够强，便会发现人工智能不仅允许你生存，而且会让你的生活更加美好。

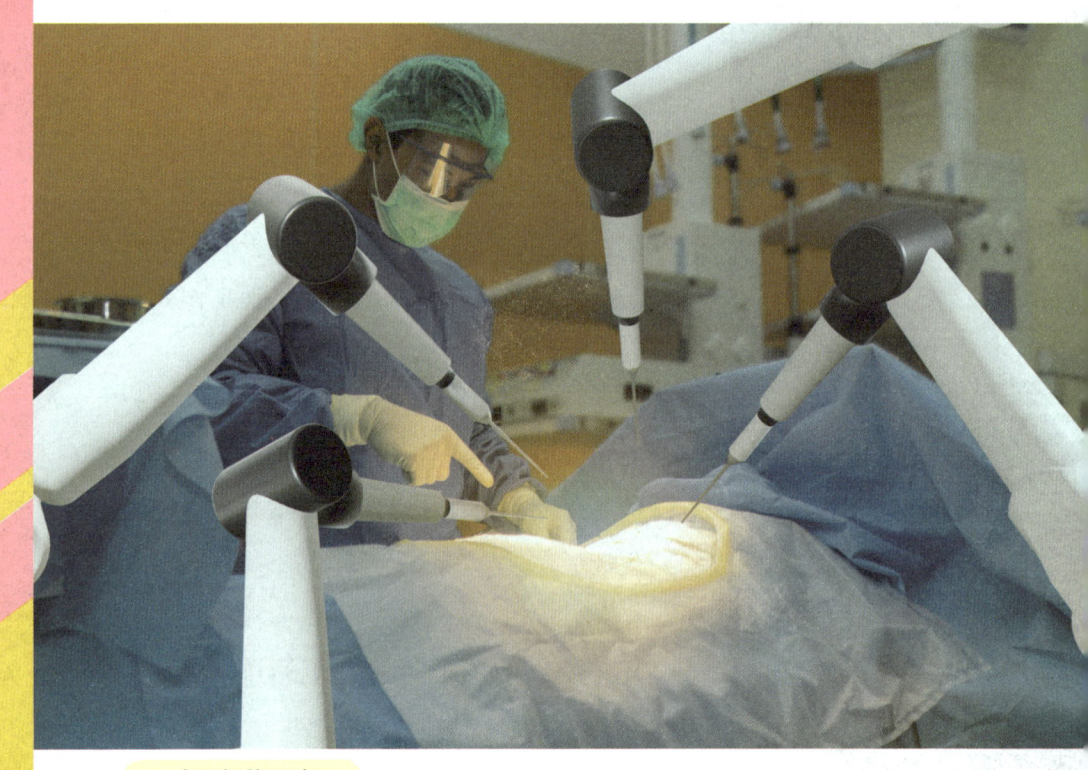

人工智能医疗

2-8 蓝光的危害

近日，英国《自然》杂志旗下的《衰老与疾病机理》期刊，报道了美国俄勒冈州立大学和波兰华沙大学等机构的一项新研究。该研究发现，发光二极管产生的蓝光可能损害脑细胞和视网膜，并加速衰老过程。这项研究为蓝光对人体的伤害增加了新的佐证。

蓝光

蓝光的危害有多大？

太阳光分为可见光和不可见光两类，可见光在光谱上"分解"为多种颜色，也就是大家熟知的"红橙黄绿青蓝紫"。不同颜色在光谱上都有特定的波长，从开头的红色到末端的蓝紫色，波长越来越短，能量却越来越高，穿透力也越来越强，蓝光属于波长较短但光子能量很高的一类。

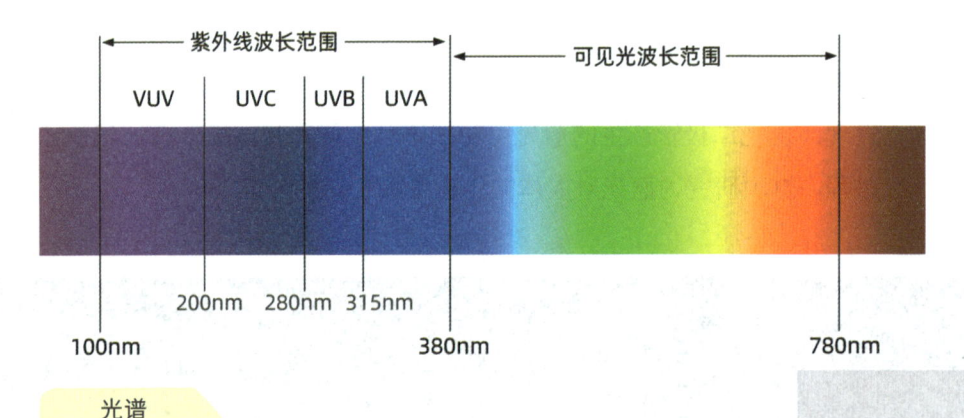

光谱

在关于蓝光的研究中，科研人员选择果蝇作为研究对象。将果蝇分为三组，一组每天12小时接受发光二极管产生的蓝光照射，一组一直处于黑暗中或过滤掉蓝光的光线环境，还有一组是用日光照射。

在实验中测定果蝇的衰老程度是根据其爬上小瓶壁的速度来进行比较。接收蓝光照射的实验组中，30天龄的中年雄性果蝇平均爬坡能力显著下降。

通过对果蝇眼部感光细胞和脑组织的研究发现：只接受蓝光照射的果蝇的寿命大幅缩短，视网膜细胞和脑神经细胞明显受损，运动能力也受到影响；接受过滤掉蓝光的光线照射的果蝇的寿命会小幅缩短。

有些果蝇在实验中甚至出现突变，无法发育出眼睛。而且除了眼睛，大脑和运动能力也同样受损，意味着蓝光的伤害并非仅限于眼睛接触到蓝光时发生。

为什么选择果蝇做实验？

为什么这个研究会以果蝇作为研究对象呢？因为与其他生物相比，果蝇的生命周期短，研究工具比较健全。如果换成灵长类动物，蓝光对于衰老的作用可能要等上几个月甚至几年的时间才能观察到。

除此之外，别看果蝇的个头小，它被科学家研究已经有110年的历史了。果蝇简约而不简单，它的很多基因与人类同源，与人类共享

果蝇

了生命和智力演化的一些成果。从1933年到2017年，科学家对果蝇的研究已经获得四次诺贝尔生理或医学奖，从遗传学研究到生命的发育研究，再到生物节律均有涉及。

果蝇的许多行为变化都有研究价值，如睡眠、打斗、进攻、求偶、衰老等。而且，果蝇脑中有约10万个神经元，在视觉认知和神经计算方面也有突出表现。

蓝光必须存在吗？

既然蓝光对人有诸多伤害，为什么还要利用蓝光呢？

科研工作者在研发电子产品屏幕时，模拟的正是太阳光。电子产品屏幕的基础颜色是红、蓝、绿三色，其中，蓝光是发光二极管显示中400~500纳米波段的光。由于蓝光的光子能量较高，可以让画面看上去更加真实、清晰度更高，消费者也普遍喜欢偏冷的色调。因此，相比太阳光，电子产品屏幕通常会调得更蓝一些，手机的"护眼模式"其实就是把蓝光调回正常值，也就是增加"绿光"的比值。

蓝光是否真的容易导致视力下降等症状？蓝光对于视网膜的确有一定的伤害，但眼底的黄斑病变是由多种因素造成的，蓝光只是诱因之一，因此不能将蓝光和黄斑病变的发生直接画上等号。眼睛本身是有调节能力的，比如，角膜和晶状体对于紫外线、蓝光有一定的防护作用，长期观看电子屏幕、不正确的用眼习惯才是导致视力下降的"罪魁祸首"。

自然光线对于生物钟有调节作用，随着电子屏幕的普及，人类接触蓝光的时间随之增加。或许随着未来科技和医疗的进步，科学家能够解释清楚蓝光影响人类健康和寿命的具体机制，现在你还是乖乖地少看一会儿电子产品吧。

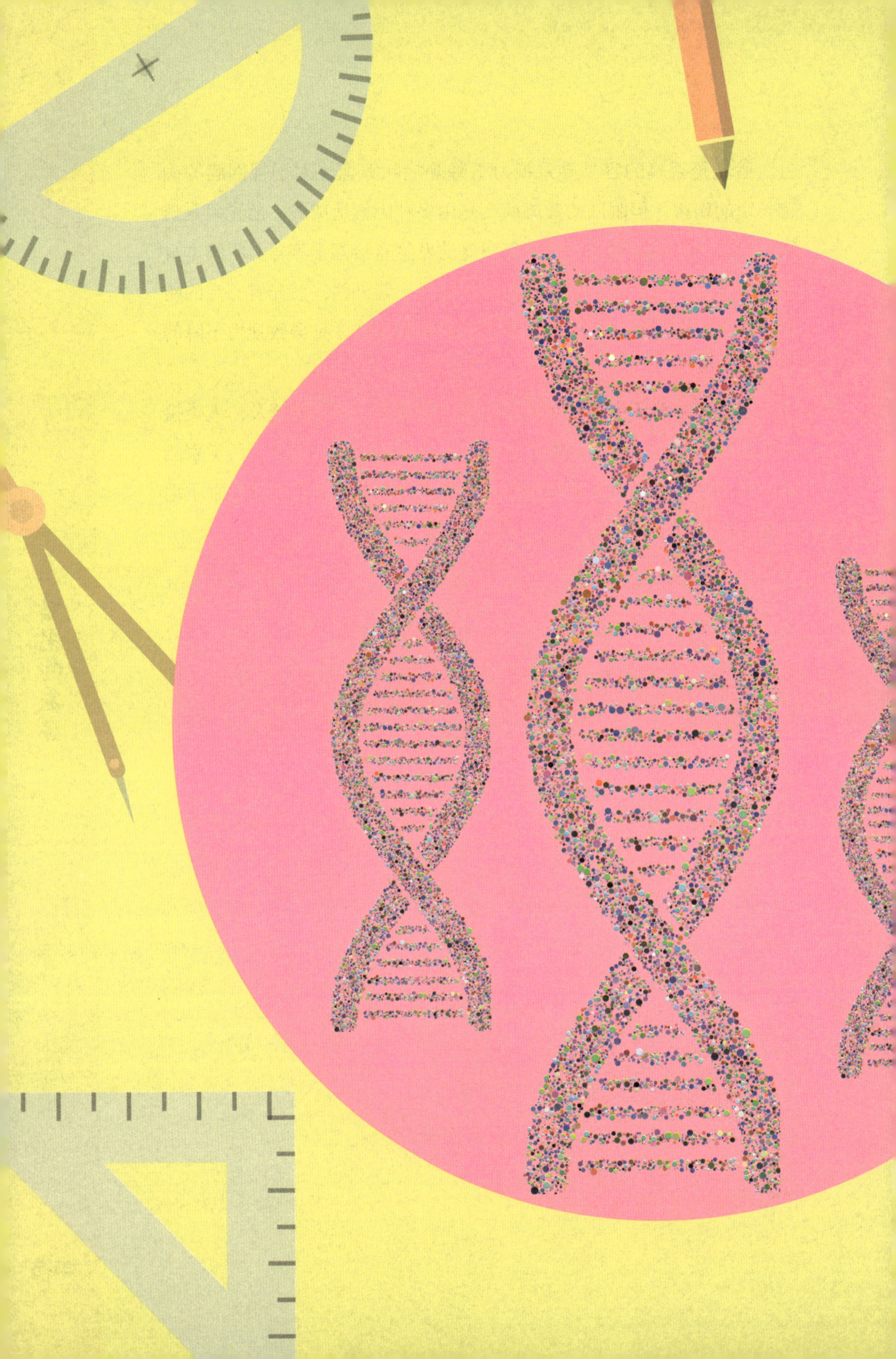

第 3 章
生命与健康

第3章

3-1
基因分好坏吗？

人的基因数量只有几万个，远没有想象的多。随着"人类基因组计划"的完成，我们已经得到了人体全部基因的密码，这些密码构成了每个人生命的"蓝本"，和人的生老病死息息相关。通过解读这些

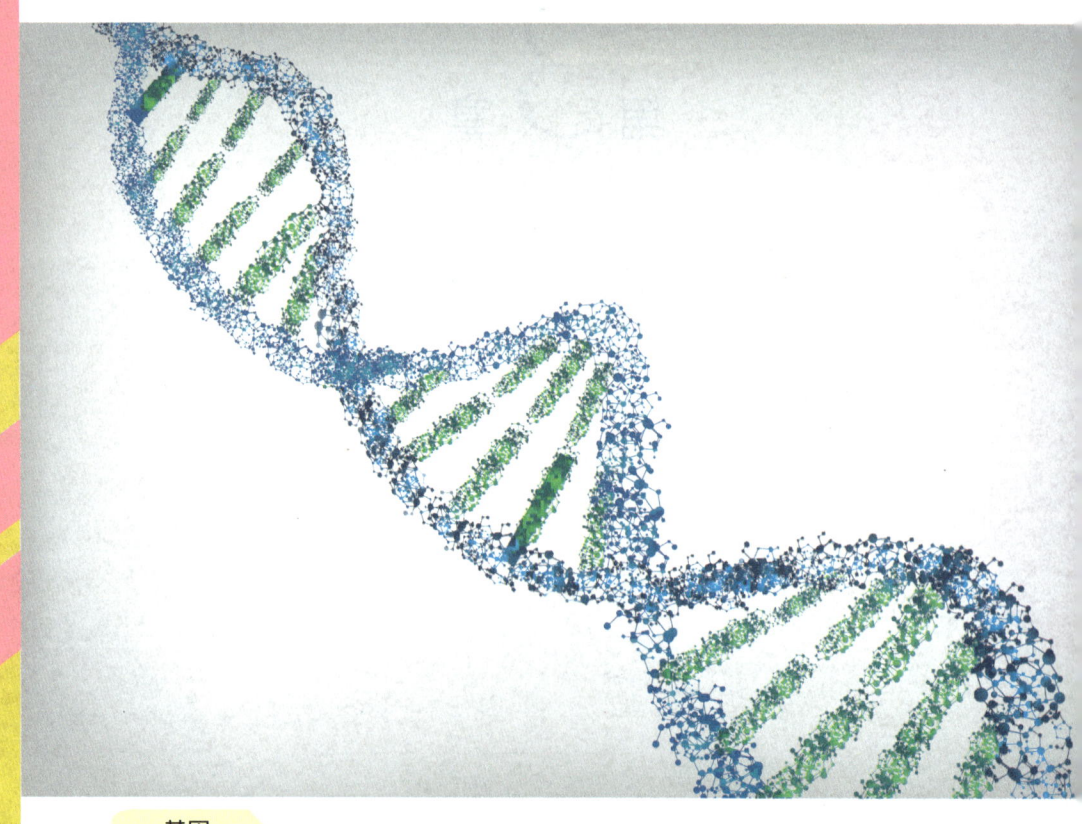

生命与健康

基因

密码，科学家发现，至少99.99%的基因是相同的，而基因中0.01%的不同部分决定了人在外貌、体质、性格等方面的差异。

科学家一直在探索：为什么有的人天资聪颖？为什么有的人生来就体格强健？为什么有的人适合在热带生活？为什么有的人容易得癌症？为什么有的人对某些药物不敏感？当为每个人建立起个人基因档案的时候，就能找到这些问题的答案了。

谷物基因档案

基因有好坏之分吗？事实上，"好"和"坏"的定义是相对的，在不同的情况下甚至可以互相转换：某些情况下的"好"基因在另一种情况下就可能成为"坏"基因。例如，某海岛上的残翅昆虫因为体内存在残翅基因，故其翅膀发育异常，导致飞行功能丧失。但也正因为如此，残翅昆虫比正常翅昆虫更易存活，因为它们不会飞，就不会

基因检测

受海风的影响。在人类基因组中也存在这样的例子。

　　虽然基因的好坏之分在一定程度上体现为相应性状对环境的适应性，但从人的价值判断看，某些疾病是和某些基因密切相关的。比如，在非洲黑色人种中发病率较高的镰状细胞贫血就是由一个特定基因引起的，这个基因被称作致病基因。带有这种致病基因的人，血红蛋白会发生异常，进而使红细胞发生扭曲，呈镰刀状，这样的红细胞十分僵硬、变形性差，容易遭到破坏而发生碎裂。如果能在母亲怀孕的时候就检测出胎儿是否携带了这样的致病基因，就能够有效防止这样的患儿出生。

3-2 干细胞到底有什么用?

当下,不少人为了给孩子未来的健康留一份"保险",在生下宝宝时就储存了脐带血。这是因为脐带血中含有可以重建人体造血和免疫系统的造血干细胞,可用于治疗八十多种疾病。

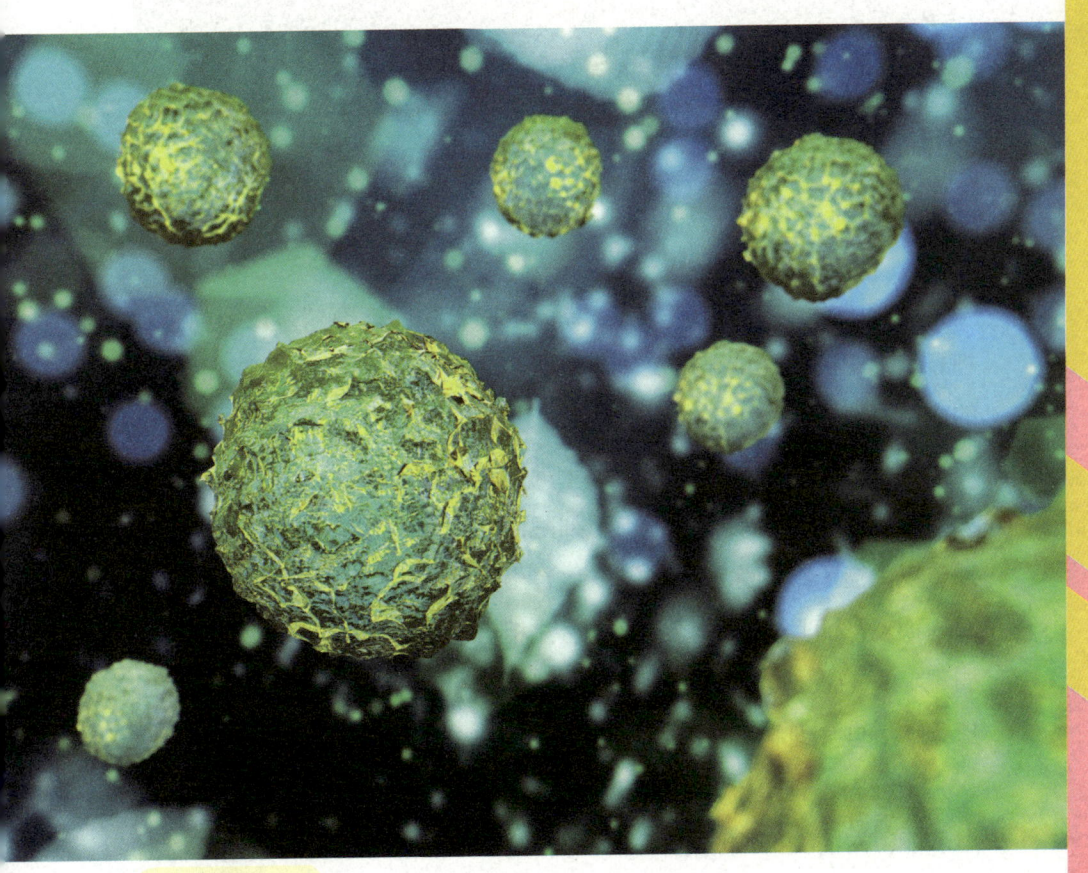

干细胞

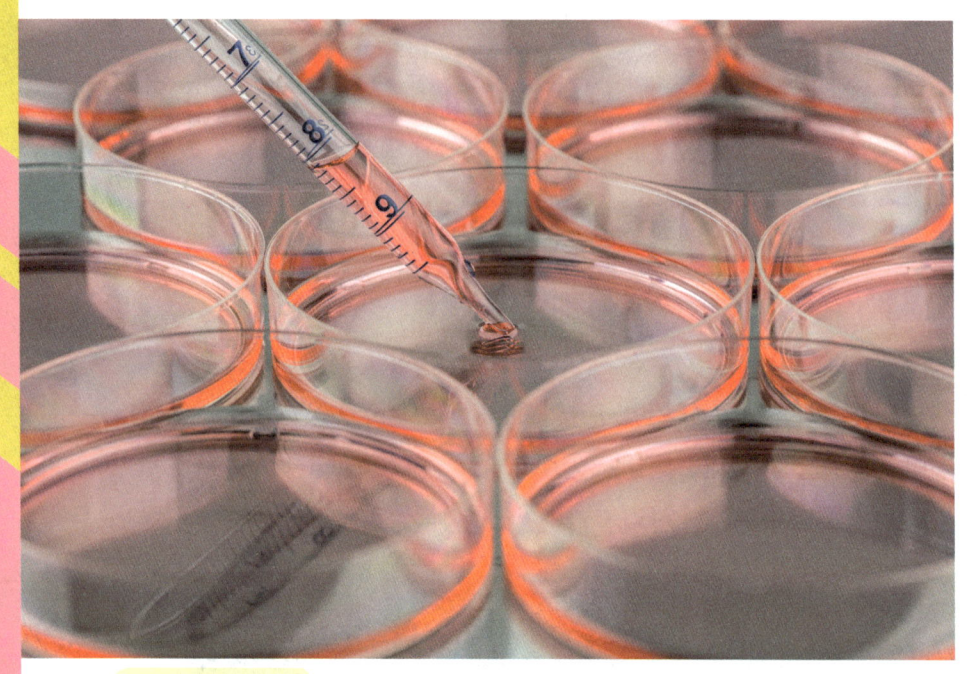

干细胞检测

干细胞具有再生各种组织、器官的潜在功能，有"万用细胞"之称。干细胞的用途非常广泛，涉及医学的多个领域，在现实中最重要的应用是器官移植。

除了利用患者储存的脐带血干细胞外，科学家现在已经能够利用患者身体里的普通细胞制造出干细胞，这被称为人造干细胞。科学家期望以人造干细胞为"种子"，培育出人体的组织或器官。这样的培育周期短，而且移植到患者身上后，相当于复制了一个自己的器官。如果这样的人造器官未来能够进入临床应用，与移植他人的器官相比，移植自身细胞培育的器官不容易出现较大的排异反应。

干细胞还有望代替出现病变或已坏死的细胞，激活人体自身的自愈功能，对病变的细胞进行补充与调控，增加正常细胞的数量，提高

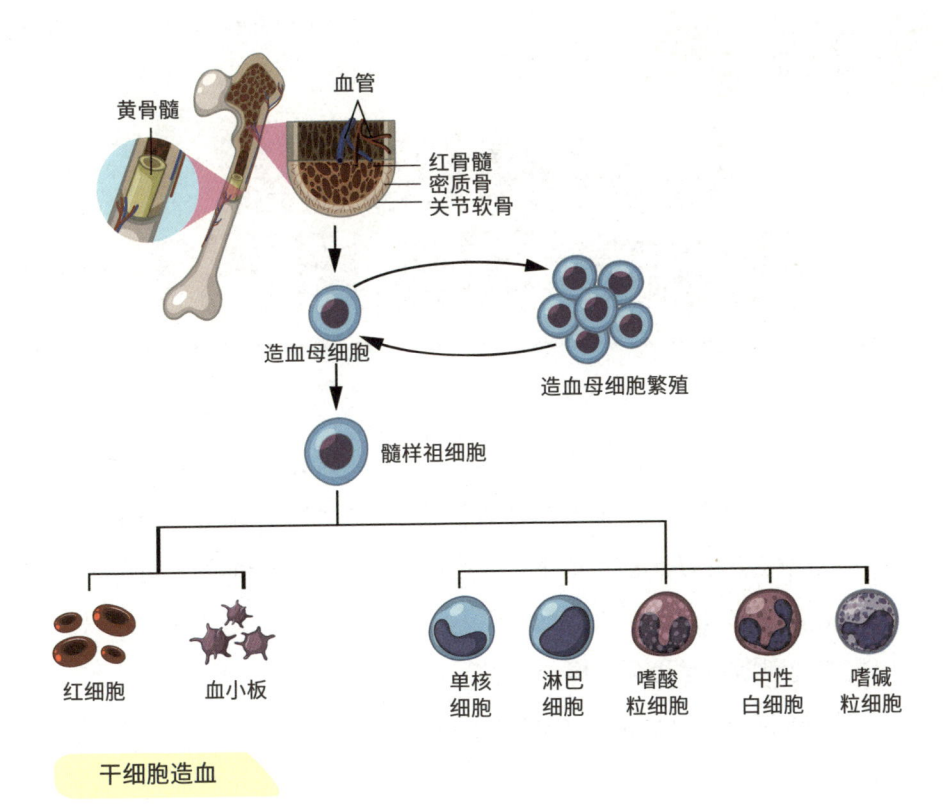

```
黄骨髓 ─ 血管
              ─ 红骨髓
              ─ 密质骨
              ─ 关节软骨

造血母细胞 ⇄ 造血母细胞繁殖
    ↓
髓样祖细胞
    ├─ 红细胞
    ├─ 血小板
    ├─ 单核细胞
    ├─ 淋巴细胞
    ├─ 嗜酸粒细胞
    ├─ 中性白细胞
    └─ 嗜碱粒细胞
```

干细胞造血

细胞的活性，改善细胞的质量，防止和延缓细胞的病变，恢复细胞的正常生理功能，从而达到治愈疾病、对抗衰老的目的。比如，用干细胞疗法治疗肺气肿、肝炎、肾病、脑瘫等疾病。

3-3 靠克隆技术能复制爱因斯坦吗?

爱因斯坦去世以后,他的身体被火化,大脑被科研机构保存下来。大脑中的细胞,无论是神经细胞还是胶质细胞,都是体细胞。如果这些细胞还完好无损,是不是能用它们制造全能干细胞,再用全能干细胞无性繁殖出一个爱因斯坦呢?这个爱因斯坦和一个多世纪以前出生的爱因斯坦是否会一模一样呢?

遗憾的是,以目前人类的科学技术水平,还做不到这一点。原

克隆羊

爱因斯坦

因就在于，爱因斯坦之所以成为爱因斯坦，不仅有先天（遗传）的因素，也有后天的因素。即使能通过无性繁殖得到爱因斯坦的身体，也无法复制爱因斯坦的成长经历和由此带来的精神活动。

遗传因素无疑是重要的，它能决定我们人体的许多特征，比如，肤色、血型、容貌、身高，以及患各种病的概率等。遗传因素会不会也影响人的精神活动的特性，如性格、脾气、反应速度，以及在某些方面（如音乐、运动、数学、绘画等）的天赋呢？答案应该是肯定的。

但是遗传因素只能搭建一个精神活动的"最初平台"，它本身并不能提供任何外来的信息。这就像一台刚刚组装好的计算机，有了硬件和软件，但是还没有任何数据输入。不管计算机处理信息的能力有多强，如果没有信息可以"加工"，也生产不出任何"产品"，也就没有任何精神活动的产物。

第3章

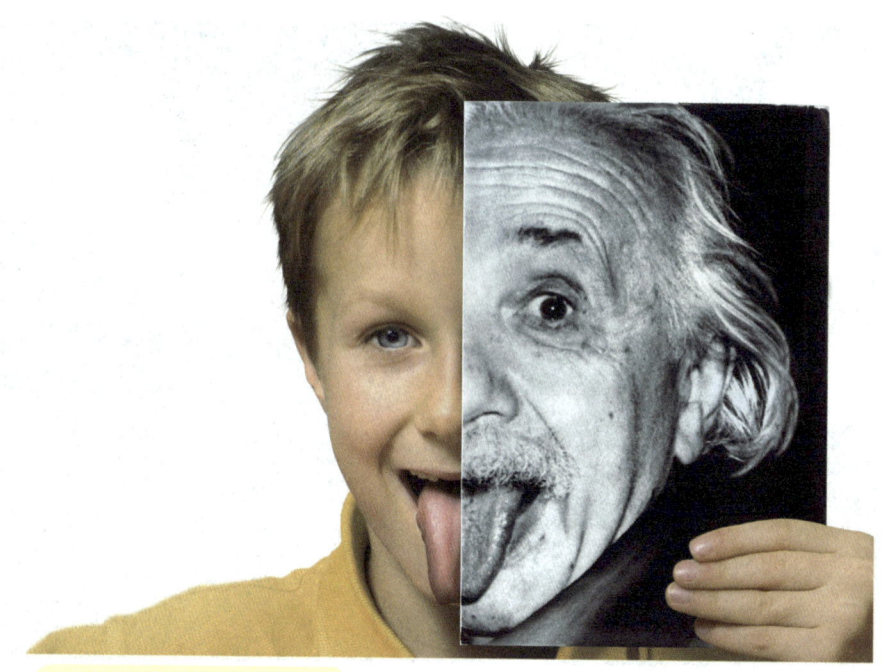

生命与健康

模仿爱因斯坦的表情

就像输入的信号不同，由于每个人每天的经历不同，脑中所建立的联系也不同，这就把人与人区别开来了。假如真有一天爱因斯坦的身体能够被复制，由于这个替身出生后的经历和原来的爱因斯坦不一样，即使他在逻辑思考方面有过人之处，也不一定会对物理学感兴趣。爱因斯坦的兴趣爱好、思想观念、科学知识、研究计划等，都已随着他的去世而灰飞烟灭了，新的替身不可能在爱因斯坦真身的知识基础上继续进行研究。所以在科学活动方面，我们不能寄希望于已经逝去的巨人，而只能依靠现在活着的人，依靠我们自己的努力。

3-4 听科学家讲一百年前的故事

2018年是西班牙大流感（1918年）爆发一百周年。一百年前大约有2000万到4000万人口死亡，相当于当时世界总人口的5%，并且约有5亿人口被感染。另外，值得注意的是，1918年流感偏偏"青

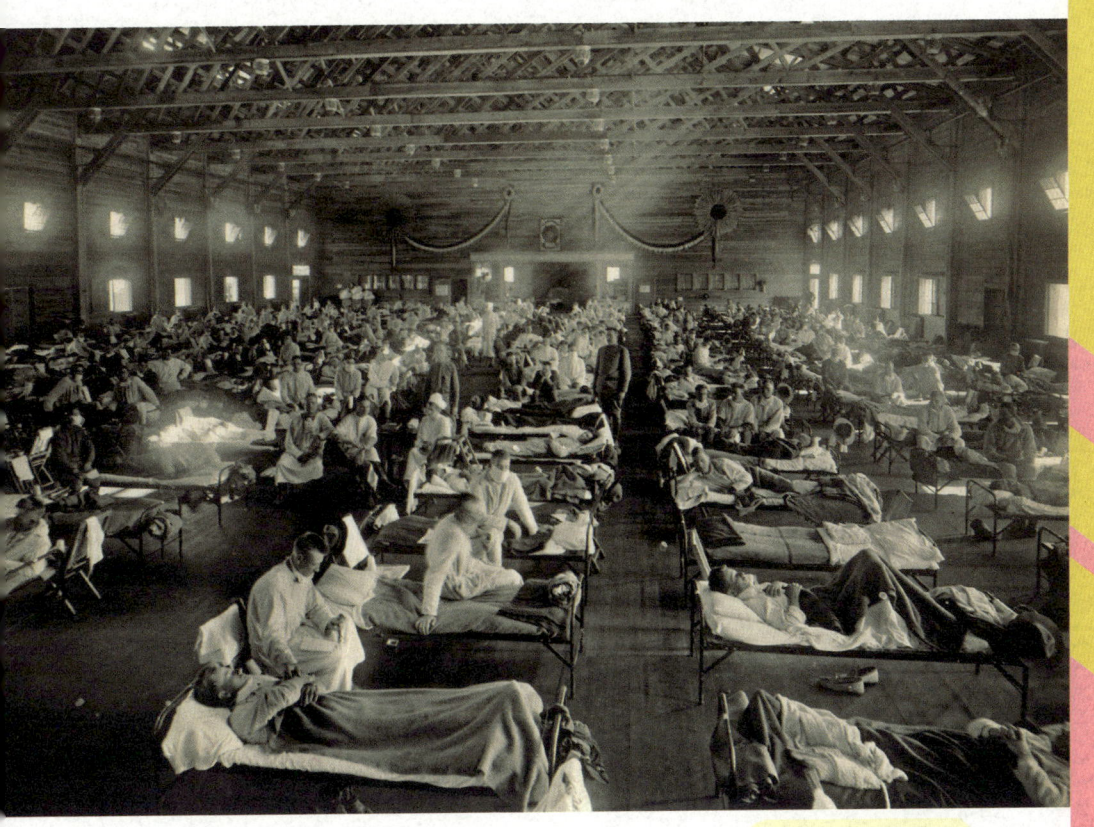

西班牙大流感

睐"青壮年，夺去了很多健康成年人的性命，体质较弱的儿童和老年人反而得以幸免。有人将这次流感称为史上最严重的流行疾病。

在过去一个世纪内，1918年流感成了历史学家和科学家一直在研究和猜想的课题。他们就流感的起源、传播和影响提出了各种假设。然而，仍有很多人对它误解重重。对此，为了让人们更好地理解过去发生的事情，预防及减缓此类疾病在未来可能带来的痛苦，专家对9个认知误区进行了澄清：

误区1：西班牙大流感起源于西班牙

这场流行病之所以得名是由于第一次世界大战时期时局紧张，参战国德国、奥匈、法国、英国和美国为了不让敌军利用此事，所以极力避免感染消息的扩散。相对而言，西班牙作为中立国无须隐瞒流感疫情，因此世人形成一种错误的印象，都认为西班牙是此病的发源地。

事实上，西班牙大流感的发源地仍然存在争论。虽然有假设认为其源于东亚、欧洲甚至美国的堪萨斯州，但并没有达成共识。

误区2：大流感病毒是"超级病毒"

在疫病泛滥期间，芝加哥公共健康海报列出流感守则，用以指导公众防疫。

西班牙大流感传播非常迅速，在前6个月就造成2500万人死亡。流感的迅猛传播引起了大恐慌，让人们担忧世界末日即将到来，也让人们认为流感病毒尤为致命。

然而，很多近期的研究显示，这种病毒尽管比其他病毒更为致命，但从本质上来说，与其他时期的流行疾病并无不同。死亡率偏高

流感导致的恐慌

大多应归咎于第一次世界大战中军队营帐的密集和城市人口的集中，战时人们营养不良、卫生较差也助长了病毒的扩散。很多患者死于流感引起的细菌性肺炎。

误区3： 大流感的第一波爆发最致命

人们以为西班牙大流感在刚爆发时最致命，但恰恰相反，疫病第一波的死亡率相对较低。

第二波爆发时，即10月至12月这段时间是死亡率最高的时段。1919年第三波的致死率比第一波更高，但并不及第二波。

科学家现在认为，第二波流感导致死亡率升高是因为当时的条件

流感在军队中爆发

有利于一种致命性更高的病毒的传播。症状轻微的患者一般待在家里不外出，但病情严重的患者通常聚集在医院和军队营帐中，使得致命性更高的病毒传播得更快。

误区4：绝大多数感染的人都无法活命

事实上正好相反，西班牙大流感中大多数感染流感病毒的人都存活下来。但在不同的人群中，死亡率分布有差异。在美国，原住民的死亡率尤其高，可能因为原住民过去接触流感病毒较少。在比较极端的情况下，整个地区的原住民全部死亡。

纵观此次流感，20%的死亡率当然大大超过普通的流感，因为普通流感的死亡率还不到1%。

误区5： **阿司匹林疗效显著**

在1918年流感发生时，没有现成的抗病毒疗法。时至今日仍然如此，大部分应对流感的医疗手段本质上都是对患者进行支持治疗，而不是彻底治愈。

也有人提出假设，认为很多流感死亡案例实际应归因于阿司匹林中毒。当时的医学权威推荐大剂量使用阿司匹林，每天用量最高达到30克。而现在每日安全用量大幅降低。阿司匹林的高剂量使用可引发很多流感的症状，其中就包括出血。

阿司匹林的合成者
弗雷德里克·热拉尔

但是，在世界其他一些地方的死亡率也差不多，而这些地区很难接触到阿司匹林。所以，关于这一假设也存在着争议。

误区6： **大流感被媒体高度重视**

不难理解，公共健康官员、执法官员和政客会对1918年流感进行低调处理，媒体也会相应地减少曝光量。一方面，政府担心会被敌人乘虚而入、大做文章；另一方面，也是出于维护公共秩序、避免产生恐慌的考虑。

但是，官方也有所回应。在流感高峰期，很多城市开始施行隔离检疫；部分地区被迫限制提供治安和火警等基本服务。

误区7：大流感改变了第一次世界大战的结果

大流感自然不可能改变第一次世界大战的结果，因为对峙的双方军队感染的程度不相上下。

反而是第一次世界大战深度影响了流感的传播，这一点很少有人否认。数以千万计军人的聚集为更具侵略性的流感病毒的传播创造了最佳环境，使得病毒迅速在全球传播。

西班牙流感中的医护人员

误区8： **大流感病毒基因序列尚未被测出**

2005年，研究人员宣布成功对1918年流感病毒完成基因序列的测定。病毒发现于流感病毒感染者的尸体中。尸体被掩埋在美国阿拉斯加冻土中，病毒因此得以保存下来。另外，在当时感染病毒的美国战士的体内也发现了病毒样本。

2007年，研究人员发现感染1918年流感病毒的猴子也表现出当时流感的症状。研究人员认为，猴子因免疫系统对病毒反应过度而死亡，这种现象被称为"细胞因子风暴"（也称为"高细胞因子症"）。它是一种不适当的免疫反应，因为细胞因子与免疫细胞间的

西班牙大流感

第3章 生命与健康

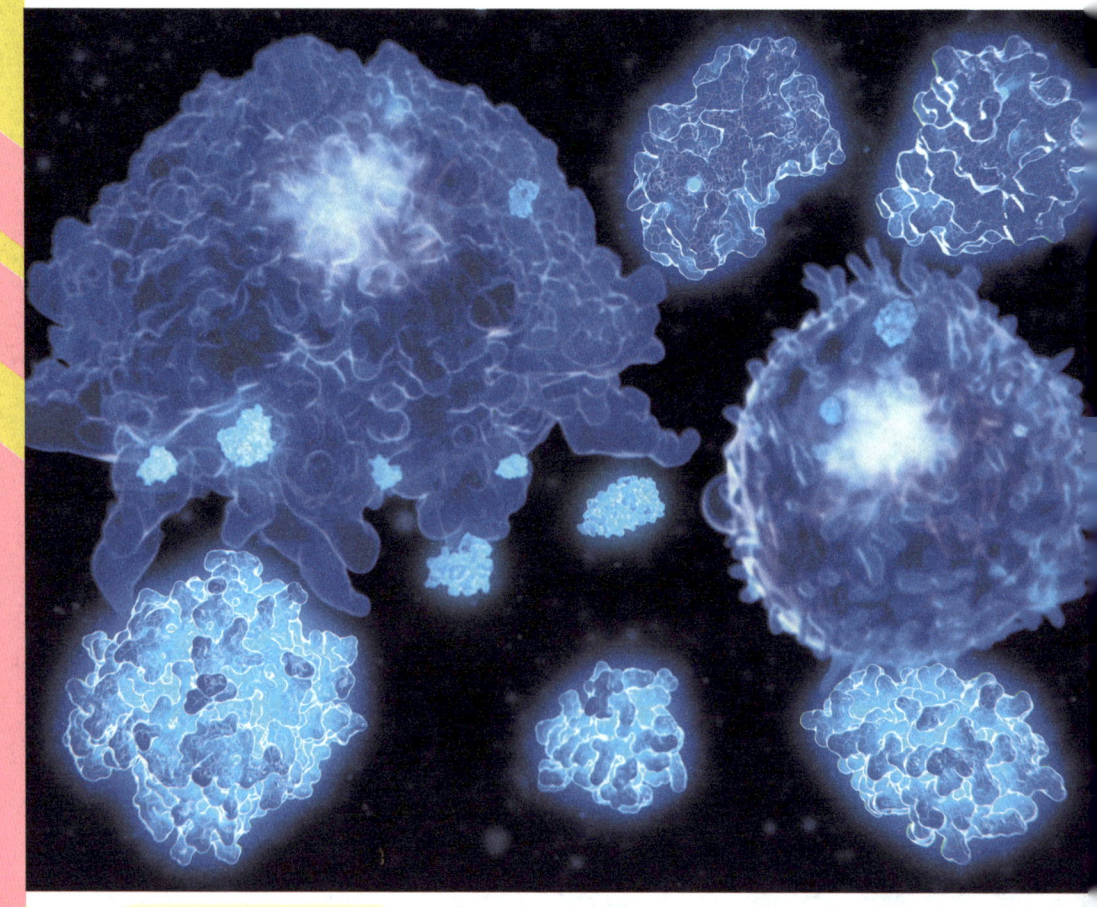

细胞因子风暴

正回馈循环而产生，有可能会对身体组织和器官造成严重的损伤，甚至导致感染者死亡。科学家现在认为，1918年青壮年死亡率高的罪魁祸首是"细胞因子风暴"，他们的免疫系统过度反应，进而夺去了他们的生命。

误区9：西班牙大流感对今日没有借鉴意义

每隔几十年，严重的流感疫病便会爆发一次。专家们相信，我们面临的问题不是"是否发生",而是"何时发生"。

尽管当今已很少有人记得西班牙大流感,但我们仍能从中吸取教训,比如,牢记卫生常识,勤洗手,借助抗病毒药物增强免疫力。当代的人们了解更多的应对知识,知道如何进行隔离,也能处理好大数量病患和死亡的情况。我们已经可以用1918年还未曾面世的抗生素来对付二次细菌感染。但改善营养、卫生状况,提高生活水平,使病人更有能力对抗感染,才是最可靠的保障。

在可预知的未来,流感会成为人类每年都遇到的常客。希望我们充分吸取历史上大流感的教训,严阵以待,应对下一次世界性灾难。

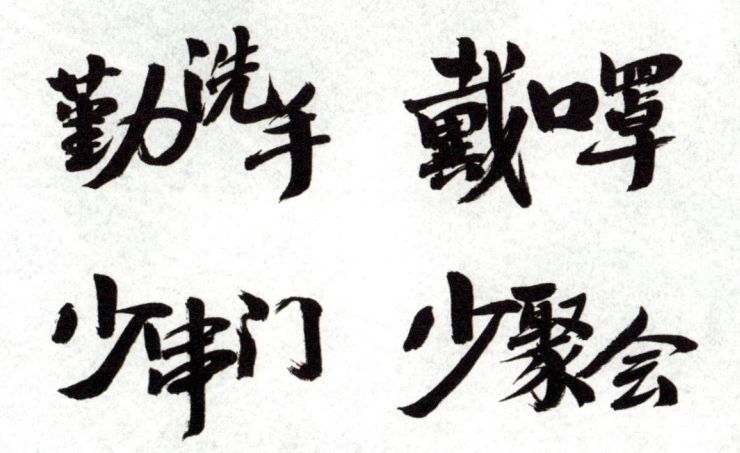

勤洗手　戴口罩
少串门　少聚会

第 3 章

3-5
亦敌亦友的微生物

生命与健康

微生物在我们生活的环境中无处不在，但长久以来，它们总是作为致病源而引起人们的关注。实际上，我们的体表和肠道中也生活着

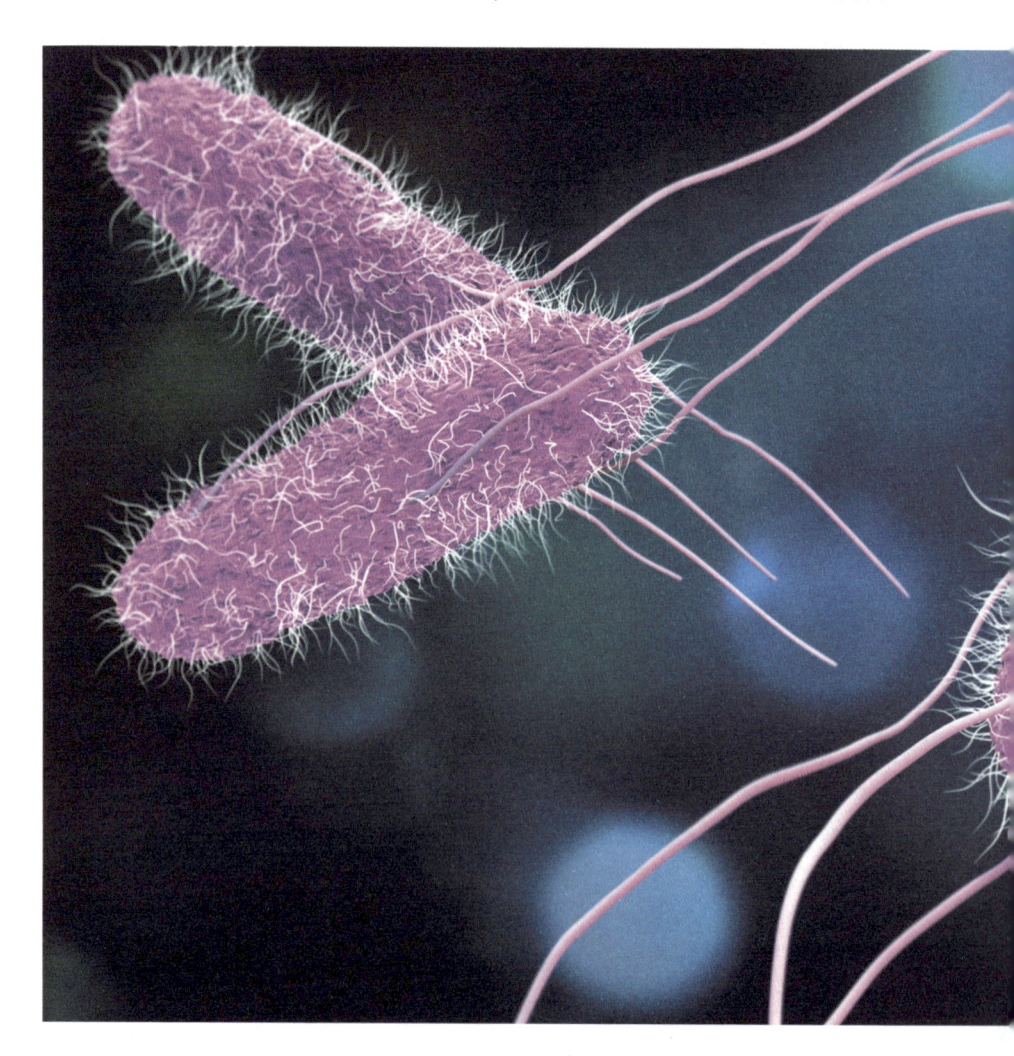

大量微生物，它们并不会使我们生病，反而对我们的健康起着重要作用，然而，这些微生物与人类的密切关系却鲜为人知。

居住在人体内的大量微生物都是人类的好朋友

人体内的微生物有数千种。我们常说人体寄生着大量微生物，而更确切的说法是，它们与我们共生。人类在地球上行走之前，动物与微生物就建立起各种互利共生关系——动物体为微生物提供保护及营

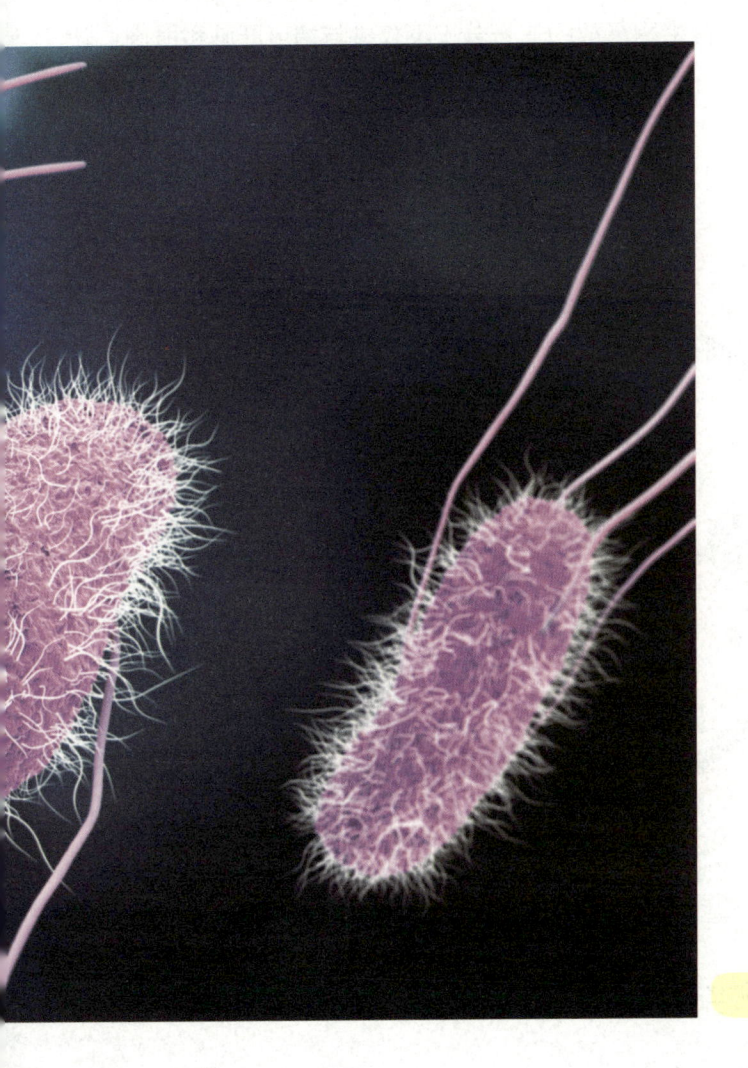

微生物

养丰富的生存环境，作为回报，微生物则发挥其基因优势，帮助动物分解营养物质、合成维生素等。在漫长的进化过程中，向微生物"借基因"是动物获得新技能的一条捷径。

有科学家把人体的微生物群落看作一个新近发现而尚待探索的"器官"，因为它们参与我们赖以生存的各项生理过程。比如，居住在大肠中的一些微生物能合成人类自身无法合成的维生素B族。

小肠中的微生物可以分解人类无法消化的营养物质，使其易于被人体吸收。肠道微生物还会分泌信号分子到人体血液中，参与大范围的代谢调控。从肠道微生物释放的信号分子不仅参与调节肝脏和肌肉细胞对能量的储存和利用，还能影响人体对胰岛素的反应，甚至参与

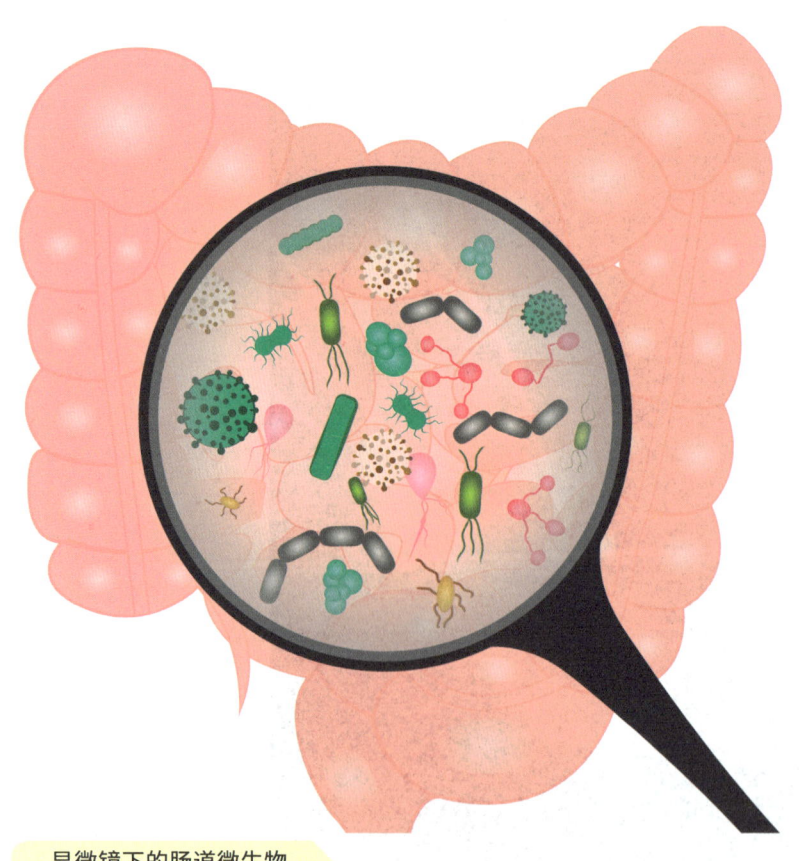

显微镜下的肠道微生物

调控我们的食欲和体重。

　　肠道微生物不仅帮助我们消化吸收营养物质、参与身体的代谢调控，它们甚至影响着我们身体的免疫机能。微生物影响人体免疫机能的方式有很多：首先，微生物生长时会分泌抑制其他微生物生长的物质，所以，人体正常菌群的平衡可以帮助我们抑制其他病菌的侵入；另外，微生物在免疫系统发育的过程中起着一定作用。不仅如此，微生物还会不断地"训练"我们的免疫系统——有益的肠道微生物能增强我们体内的抗体合成，同时能提高宿主免疫系统对自身微生物和自身细胞的识别容忍度，从而降低自身免疫疾病的发生。此外，肠道微生物还能合成一些抗炎物质，抑制过度的免疫反应。值得一提的是，研究发现，炎症发生率低的个体，患癌症的风险也较低。

　　肠道微生物还会影响大脑发育、调节我们的情绪。一些微生物能

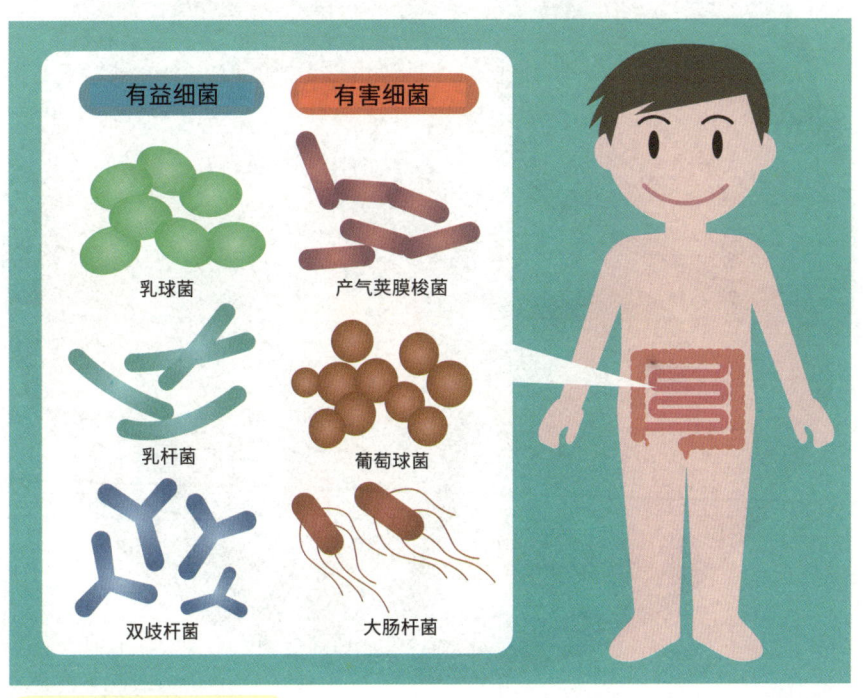

人体肠道微生物

合成大脑发育所需的不饱和脂肪酸ARA和DHA，这些物质是神经元生长和维持所需的重要成分，人类自身无法合成，只能从食物中摄取或依赖肠道微生物的帮助。另外，我们的肠道周围有很多神经结，它们通过迷走神经与大脑相连，形成脑-肠神经轴。肠道微生物可以合成神经递质，参与中枢神经系统的调节，进而影响我们的情绪和认知行为。

除了肠道，我们的皮肤和黏膜表面也居住着大量微生物，它们同样具有重要的生理功能。皮肤表面的正常菌群除了分泌抗生素，帮

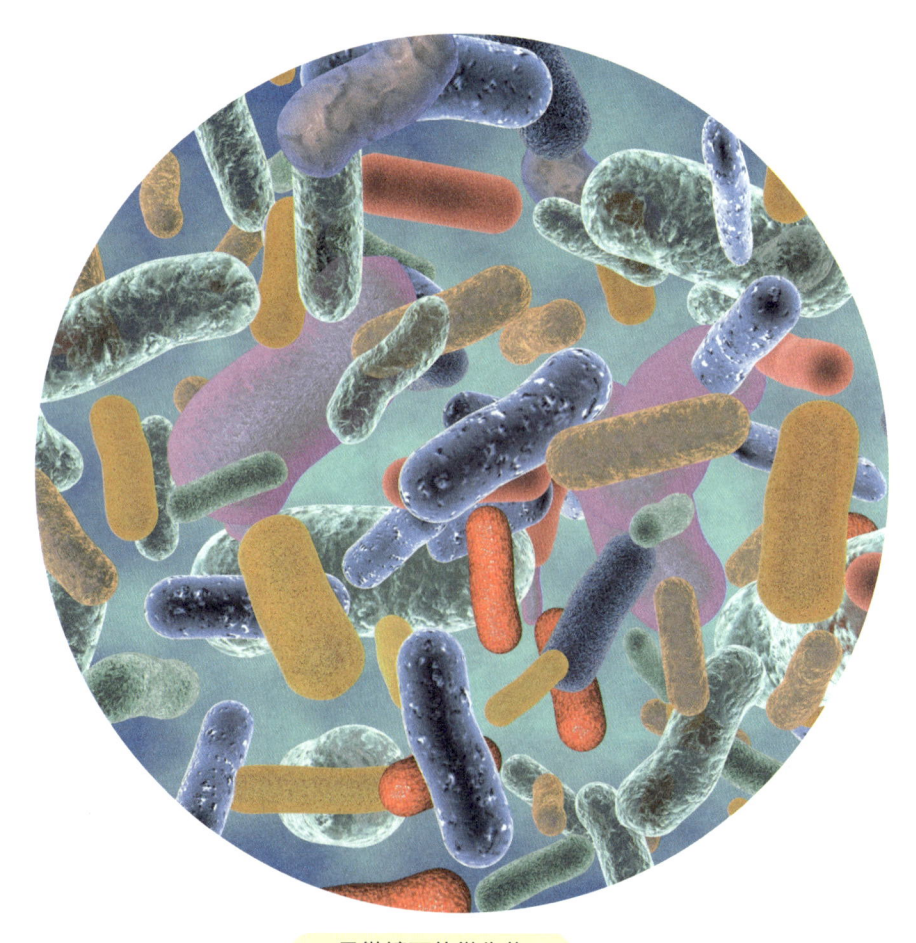

显微镜下的微生物

助我们抵御病原菌外，还可将皮脂腺的分泌物转化为一种具有保湿作用的油脂，滋润我们的皮肤。另外，皮肤和黏膜表面的微生物代谢会调节体表局部的酸碱性。一个特别的例子是女性阴道中的乳酸菌，其代谢过程中产生的乳酸使阴道环境的pH值保持在4左右，这样的酸性条件使得许多病原性的细菌、真菌和病毒都无法生存。研究发现，艾滋病通过阴道传播的最低病毒浓度比通过血液传播的最低浓度高一万倍，这与阴道中居住的微生物不无关系。

个体微生物的分布及变化

从微生物的角度来看，我们每个人都是一个生态系统。我们身体的不同部位具有不同的生存条件，包括温度、湿度、光照、营养源、酸碱度、富氧程度、生长的基质等，因此，身体不同部位的微生物种类也不相同。与此同时，每个人所携带的微生物种类及其相对数量也是具有个体差异的，我们的"微生物谱"受性别、饮食、气候、年龄、职业、卫生习惯乃至个体基因差异的影响。但总的来说，微生物种群在身体不同部位的差异性大于在不同个体间的差异性。

生活在同一个屋檐下的一家人携带着种群和数量相似的微生物组群，科学家甚至可以通过"微生物谱"来判断个人及物品所属的家庭，而这一技术很有可能在未来应用于法医鉴定。在同一个实验中，研究者还发现，环境中的微生物组成受居住者的影响。据专家解释，该结果表明我们生活环境中的微生物具有"生态惰性"，它们并不会主动生长，家居物品的表面只是被动地接受居住者带来的微生物，也就是说，"是我们接种了屋子"。

每个人的"微生物谱"并非一成不变。婴儿在母体中的发育环境是无菌的，但出生时就会接触到母亲产道中和皮肤上的微生物。刚出生的婴儿非常小，他们身体不同部位的微生物并没有区域化，微生物种类也较少，但出生后几周，他们就会从环境中获得各种微生物，身体不同部位的微生物也开始出现差异。从6个月到3岁，孩子身上的微生物种类会持续增加，3岁时，孩子的"微生物谱"与成人的差别就不大了，但一些身体发育状况，如青春期、怀孕、停经等，还是会引起微生物种群的较大变化。65岁后，人体微生物的种类减少，"微生物谱"的个体差异降低。总的来说，人体微生物的种类在幼年时最为丰富，而随着年龄的增加，微生物的丰富性降低。

一些个体原因，如发烧、抗生素的使用、饮食结构的改变等，也可引起"微生物谱"的变化，这些变化可能持续数年甚至终生。

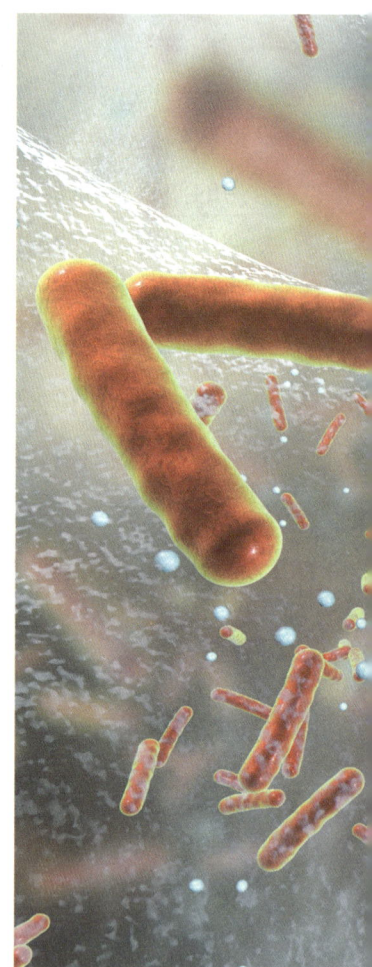

母体中的胎儿

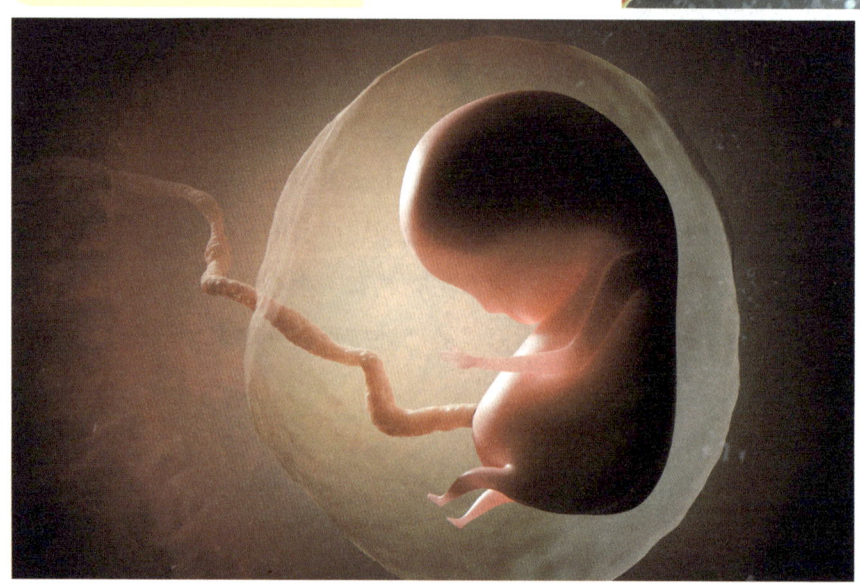

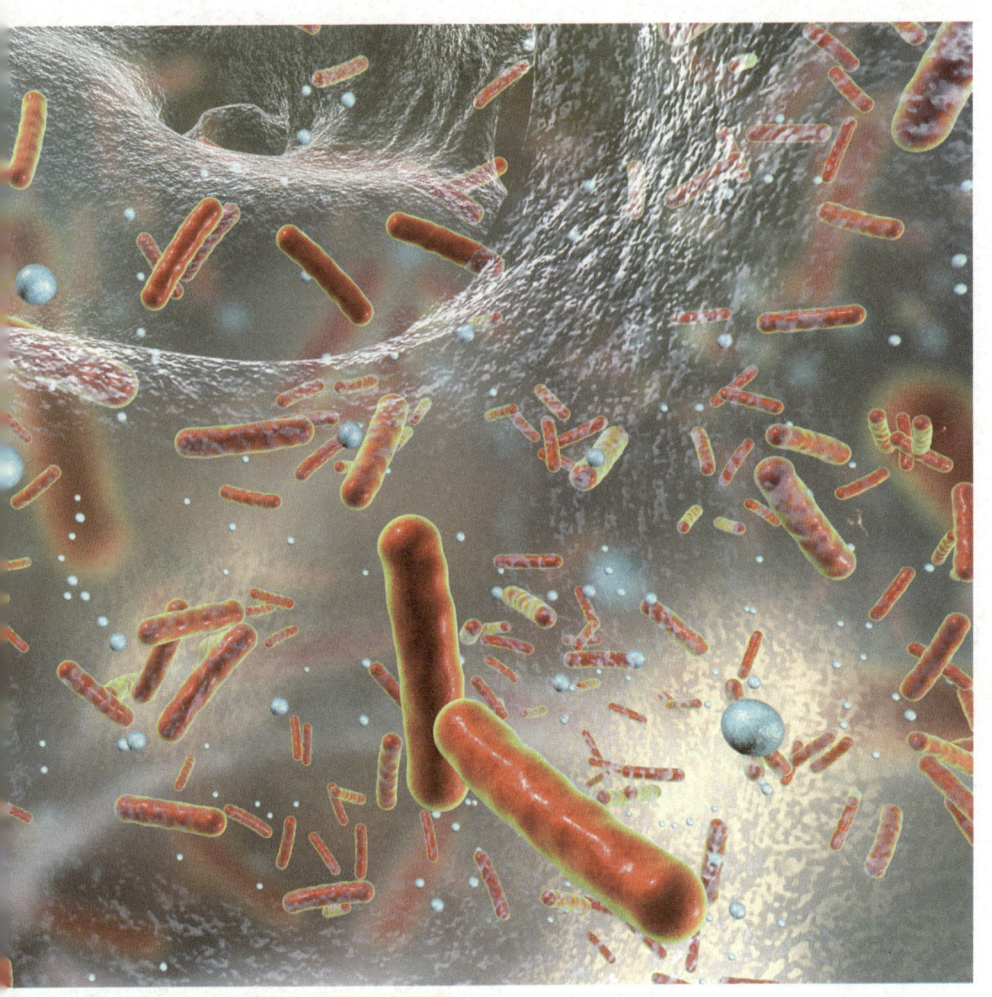

肠道内菌群

　　想照顾好这些生活在我们身体内外的小伙伴，除了不能滥用抗生素，调整我们的饮食习惯也是可行之法。实验表明，大量摄入糖类和脂质以及膳食纤维、水果、蔬菜摄入量的减少会引起肠道菌群的结构及其代谢活动的改变，这一变化被认为是肠道炎症发生概率升高的原因之一。也就是说，高纤低糖低脂的饮食会促进有益肠道菌群的生长。

　　与人体微生物不平衡有关的疾病还有很多，包括营养不良、龋齿、糖尿病、胃肠溃疡、抑郁症、癌症、哮喘、过敏以及一些自身免疫性疾病等。随着对微生物与人类健康的关系的了解逐步深入，广谱抗生素将逐渐被淘汰，取而代之的将是针对致病菌的特异性抗菌药，甚至是一些能帮助我们调整身体微生物平衡的益生菌。同时，对个体"微生物谱"的研究，不仅可以应用于法医鉴定领域，在疾病诊断方面也具有广阔的应用前景。

3-6 病毒如何欺骗免疫系统？

免疫系统时时刻刻都在保护我们免遭病毒、细菌和其他类型的病原体的不断攻击。同时，它还保留着我们曾经感染的疾病的记忆，以便在敌人卷土重来时将其轻松击退。

但免疫系统也有出错的时候。有时它会误袭自身的蛋白质，而不是感染物，从而导致自体免疫出错。或者，它能够有效地对病毒的其中一个变异体做出反应，而不能继续阻挡另一个变异体，这种情况被称为"原始抗原效应"。

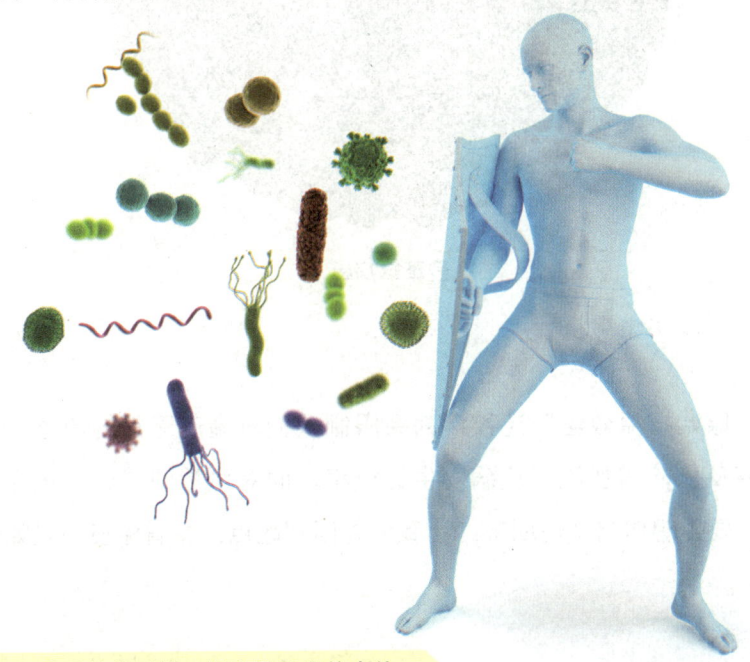

免疫系统像盾牌一样守护我们的身体

当最初奏效的免疫反应在身体下一次感染病毒后妨碍有效的反应时，就发生了"原始抗原效应"。它对像登革热感染这样的疾病有可能造成灾难性的后果。全球每年大约有4亿个登革热感染病例，而目前尚未有疫苗面世。若曾经得过登革热的人再次感染，可能会发展成出血热，进而威胁生命。

登革热病毒

"原始抗原效应"还被认为会限制我们对高度无常的流感病毒的免疫反应，增加流行疾病发生的概率。面对可怕的"原始抗原效应"，要弄明白它从何而来，让我们先回到起点，看看免疫力是如何形成的。

比赛开始

当病毒进入身体，做出回应的免疫细胞和发生感染的病原体之间就开始了一场比赛。病原体会不断复制，并找到能让它繁殖的目标细胞或器官。

那么，免疫反应的有效性就要靠免疫系统赢得这场赛跑，赶在病原体对身体造成不可挽回的伤害前消灭它。被称为"B细胞"的免疫细胞能制造抗体。病原体，如病毒，是由不同成分（抗原）组成的大

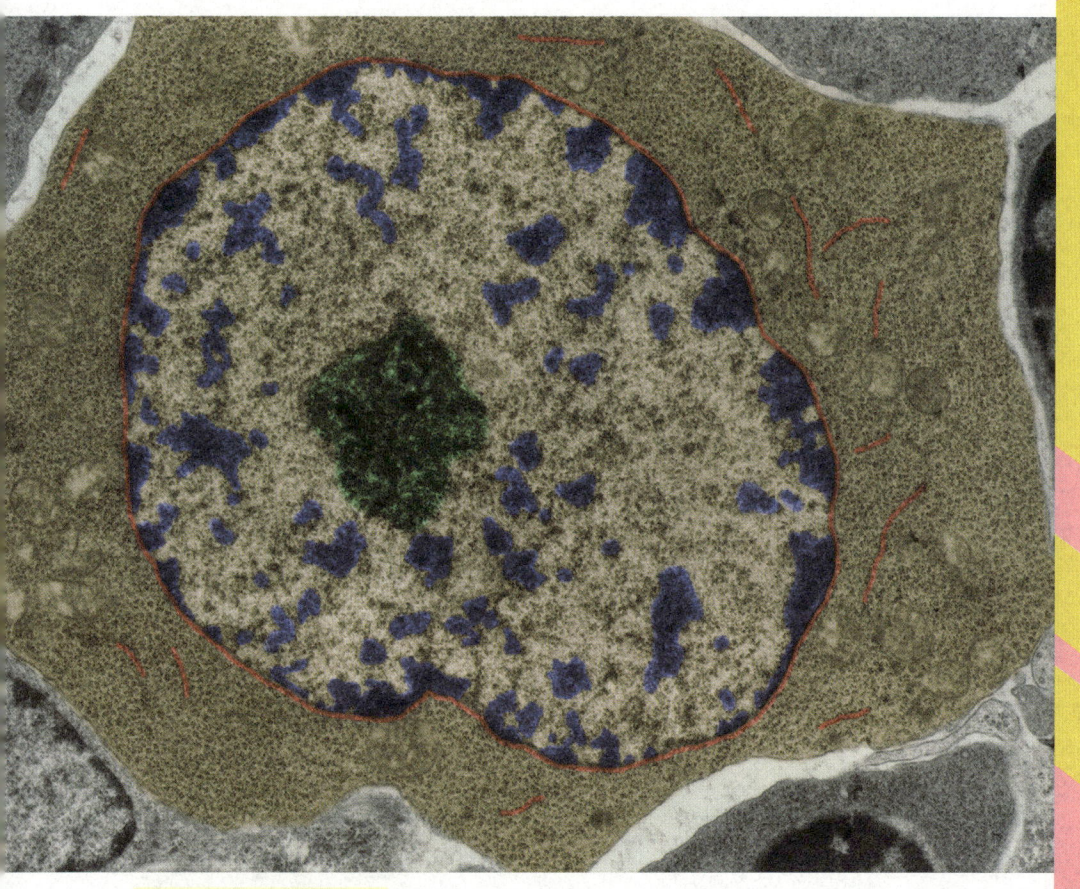

活化 B 淋巴细胞

分子。B细胞辨认出一个抗原时就会被激活，并和其他免疫细胞相互作用来接收指示。

质量控制

B细胞们接着会"兵分两路"。有的在反应早期就开始制造抗体，但这个时候的抗体往往还不够"强壮"，不能打败感染体。选择另一条路的B细胞们会经历一个提高抗体质量的过程，抗体和抗原之间会结合得更紧密。面对要消灭的病原体，抗体还会根据自己的长处进行分组，有些抗体组更擅长清除病毒和其他病原体。所谓能者多劳，对付病原体时最有战斗力的抗体组会在反应期间扮演主要角色。

B 淋巴细胞产生抗体

虽然抗体数量的增加可能需要数周的时间，但有两大好处——不但病原体被除掉了，而且高质量的记忆细胞将继续为我们提供应对感染的免疫力。

记忆细胞

免疫记忆细胞由生命力持久的血浆细胞和记忆B细胞组成。血浆细胞存在于骨髓中，可以不断地制造大量高质量抗体，在我们再次感染病毒的时候给予第一波保护。

这和母亲传给所哺乳的婴儿的抗体是同一类型的，能提供抵抗母亲曾经感染过的病原体的被动免疫力。但是这个抗体的水平有可能还

血红细胞

不足以消除感染，这时就轮到记忆细胞出场了。因为记忆细胞已经经历了质量提升，它们可以在再次感染后迅速做出反应，制造大量能分泌高质量抗体的血浆细胞。因此，记忆细胞可以在病原体损害我们身体之前，快速清除病原体。

如何才能避免"原始抗原效应"？

我们的免疫系统如果能变得更加灵活，就能在狡猾的病毒企图逃避免疫系统时制造出相应的抗体来追击它们。为此，研究人员正在研制能应对病原体多种变异体的疫苗。目前相关研究已初见成果，将来有望战胜"原始抗原效应"，研发出登革热之类的致命病毒的克星。

3-7 疫苗能打一针管一生吗?

疫苗能打一针管一生吗？要弄明白这个问题，我们得先知道，人体细胞是怎样跟病毒作战的。

人体中有两种强大的"卫士"，分别是T细胞和B细胞。

作为白细胞的一种，T细胞有着不可替代的作用。它们在人体的骨髓里产生，然后前往人体的胸腺，在那里接受一段时间的"训练"，当它们再次走出胸腺时，就成了一个个战斗力十足、可以随时出征的"特种兵"。

T细胞捕获癌细胞

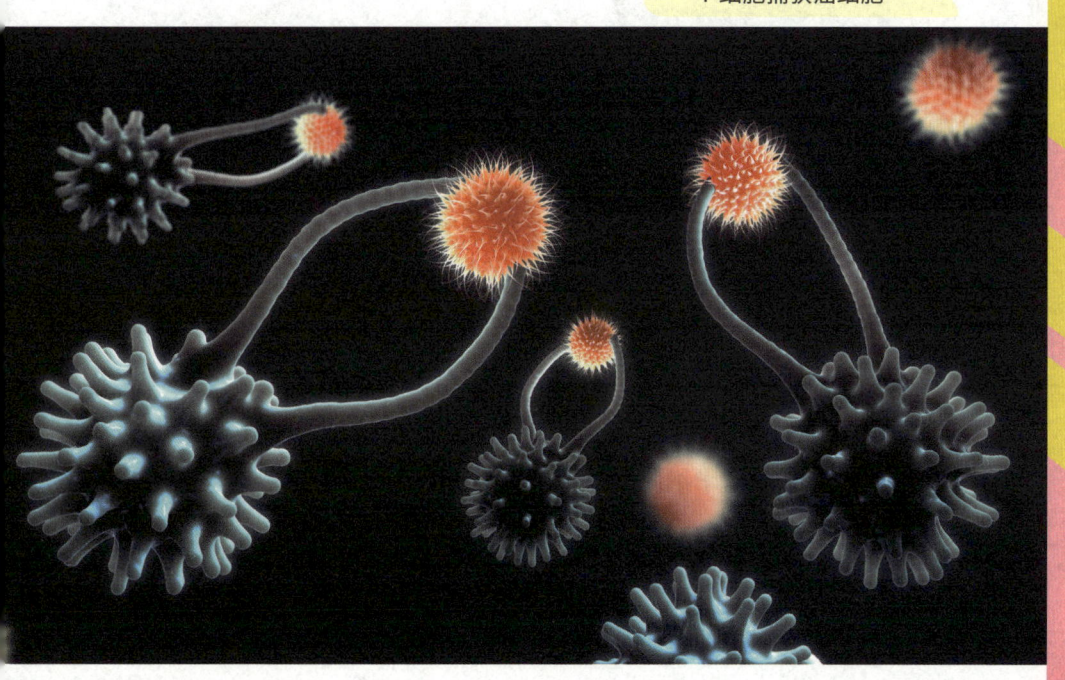

第3章

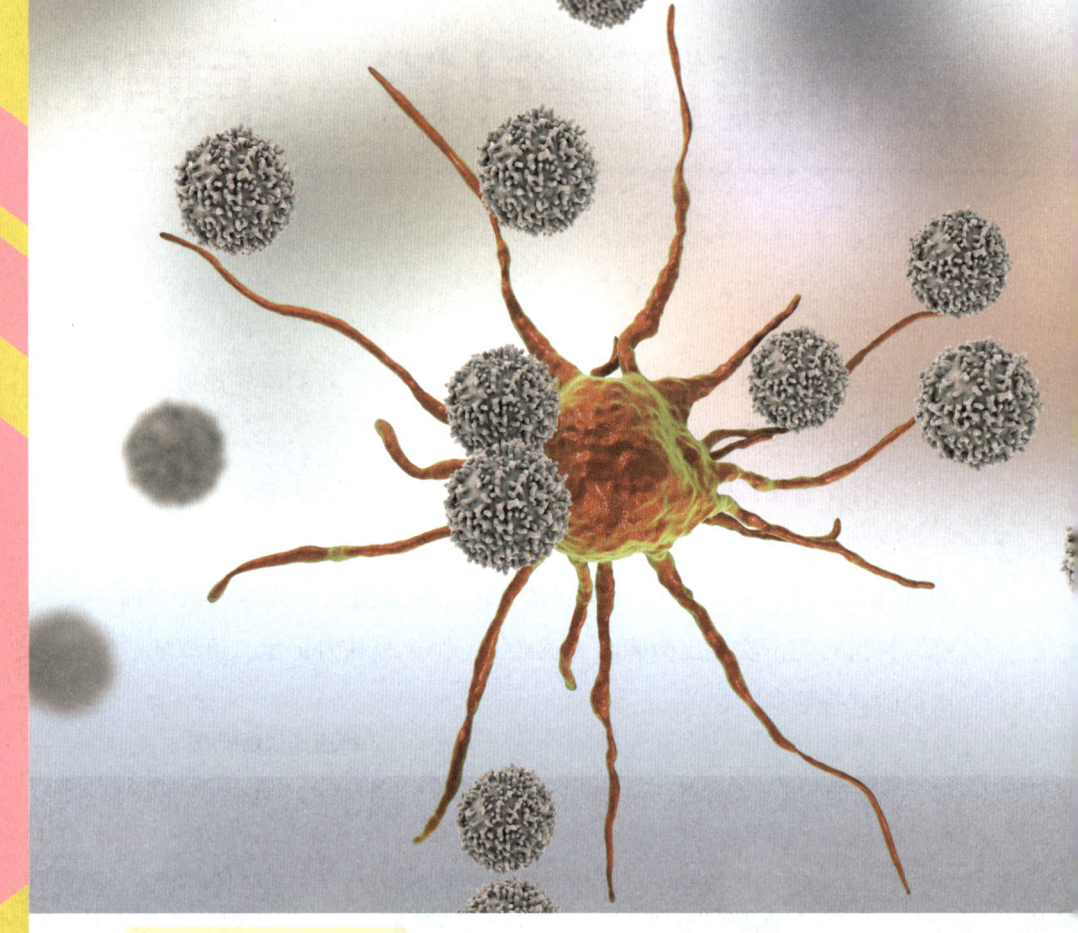

生命与健康

T细胞攻击癌细胞

　　T细胞一旦得到病毒入侵的信息，马上会自我分裂，一分为二，二分为四，在几小时之内，就变成了成千上万个T细胞。这些T细胞有的会奔赴战场，阻击病毒，有的则会去召集更加强大的B细胞。

　　与T细胞一样，B细胞也在骨髓里产生，但它不到胸腺中去，而是在骨髓里逐渐成熟。之后，B细胞离开骨髓，到人体的脾脏和淋巴里面待命。

　　B细胞比T细胞稳重、严谨得多，当接到病毒入侵的信息时，并不会马上行动，而是要等待T细胞的"求援"。这是因为，B细胞的战斗力实在太强，不能随便乱用，否则"杀敌一千自损八百"，反而会对人体造成伤害。在B细胞确定"出兵"后，它便会和T细胞一样，马上自我分裂，在短时间内复制出大量的B细胞，投入到与病毒的斗争中。

有趣的是，T细胞和B细胞在自我分裂后，都会有一部分留在原地，不参加战斗。这些细胞被科学家称为"记忆细胞"，它们能记住这次战斗中病毒的样子，以后一旦有同样的病毒再次来袭，这些记忆细胞就会迅速辨认出它，并且自我激活、分裂，大战一场。得过天花的人不会再得天花，得过麻疹的人不会再得麻疹，就是得益于这些记忆细胞的存在。

既然如此，人体内如果拥有更多种类的记忆细胞，不就能预防更多种类的疾病了吗？没错，疫苗就是基于这个原理研制出来的。科学家先设法把病毒或细菌的毒性减弱，然后注射到人体中。这些被弱化的病毒或细菌不足以让人们生病，却会引发T细胞和B细胞"应战"，从而产生记忆细胞，使人们获得相应的免疫力。

不过，记忆细胞的寿命有限，所以疫苗也是有时效的。比如，流感疫苗的作用可以维持1年左右，而肺炎疫苗、卡介苗的作用则为3~5年，乙肝疫苗的作用一般在10年左右。所以打一针就能管一生的疫苗，现在受限于技术，还不存在。不过，随着医学的发展，也许科学家能培育出"长寿"的记忆细胞，到那时，打一针疫苗就可以保护我们一生了。

3-8 令人惊艳的医疗黑科技

健康、功能正常的免疫系统，具有很多值得人类在工作、生活中借鉴的特点。

建立多元化和协作的团队

人类的适应性免疫系统以非常特殊的方式工作，目的是检测和根除感染和癌症。为了发挥作用，免疫系统得依赖有效的团队进行合作。

处于该团队中心地位的是树突状细胞，它们是免疫系统的哨兵和领导者——类似于教练和首席执行官。它们通常在体内多处运动，有丰富的"生活经历"。它们在身体器官中可以检测到病原体，如流感病毒或者登革热病毒。

然后，树突状细胞进入特定的器官结构——局部淋巴结，以促进不同免疫细胞的团队进行合作。在这里，像最好的领导者一样，树突状细胞分享它们的生活经历，并为其团队（其他多种不

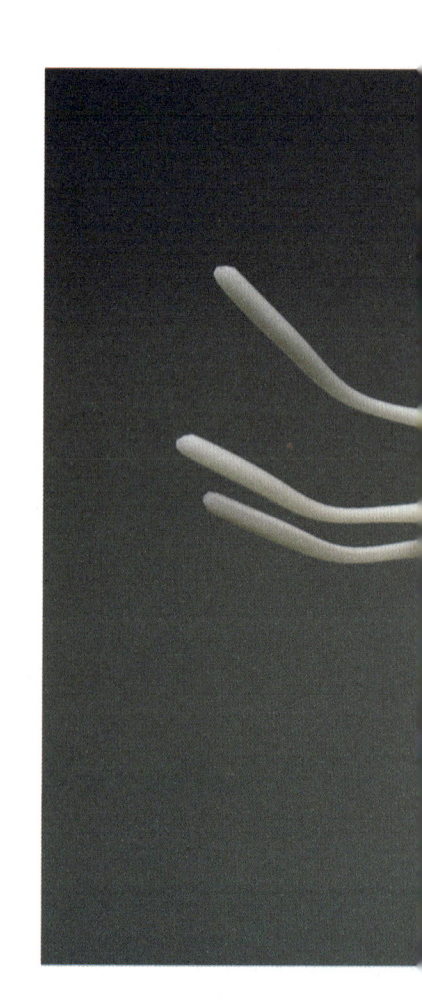

同类型的细胞）提供愿景和方向。这使得免疫细胞团队得以激活并努力实现共同目标——消灭相关病原体。在树突状细胞的策略中，最重要的是团队要拥有多样化专业知识。免疫团队成员必须来自不同背景才能获得最佳结果。为此，树突状细胞分泌一种称为趋化因子的小分子。趋化因子促进不同类型免疫细胞之间进行交流，帮助树突状细胞与团队讨论它们的计划。在免疫学中，这个行为被称为"招募"。

就像人类的工作环境一样，多样性是关键。如果树突状细胞只招募更多的树突状细胞，免疫系统将完全失败。相反，树突状细胞"雇

树突状细胞

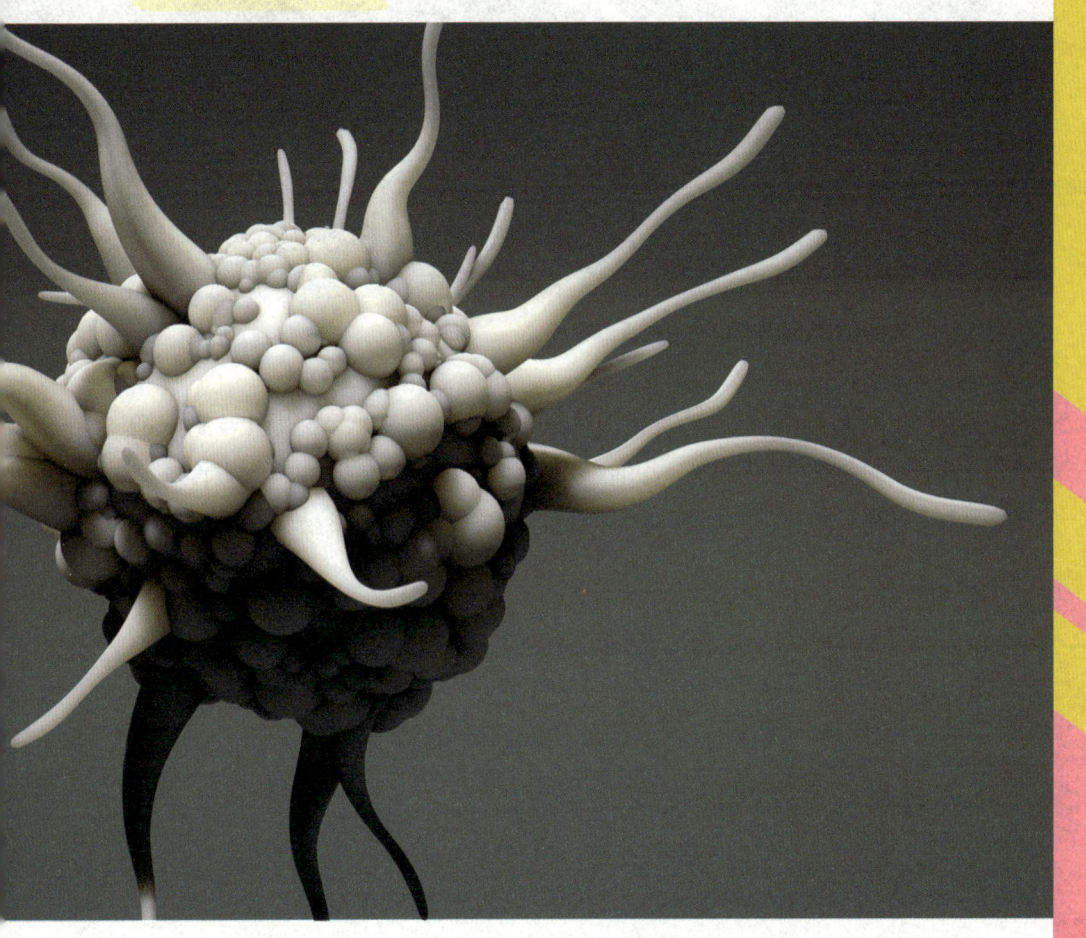

第 3 章

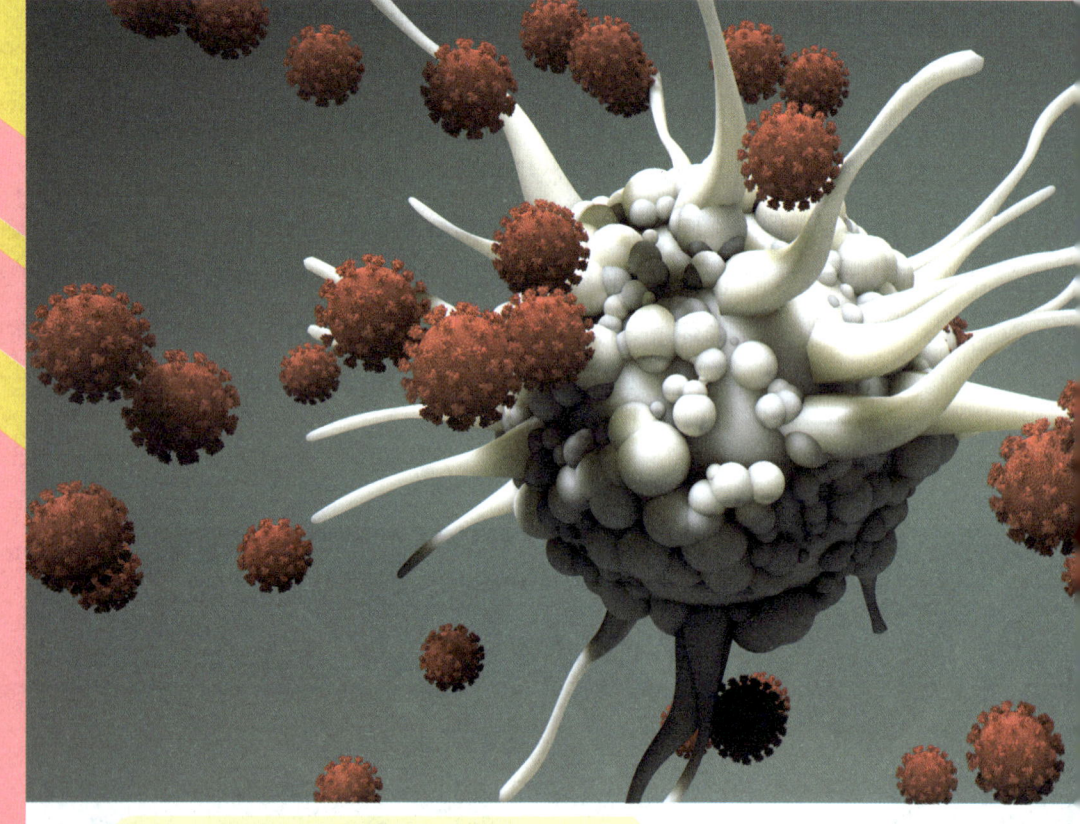

生命与健康

树突状细胞保护宿主免受病毒感染

用"T细胞和其他类型细胞，并分享关键知识和策略以引导免疫细胞发挥有效作用。然后，T细胞实行它们制订的计划——要么直接作用于病原体，要么与其他类型细胞一起工作，例如B细胞制造保护性抗体。

通过这种方式，树突状细胞建立了一个丰富多样的团队，共同努力清除感染或癌症。

通过积极和消极的反馈来学习

在发育过程中，T细胞在胸腺中以依赖于正/负反馈的方式成熟。

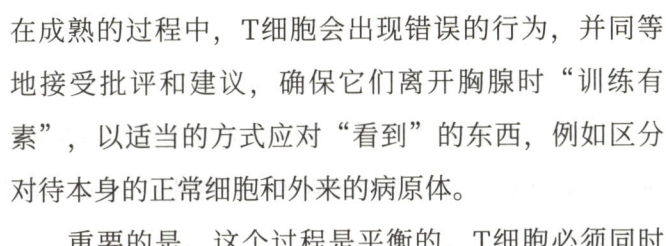

在成熟的过程中，T细胞会出现错误的行为，并同等地接受批评和建议，确保它们离开胸腺时"训练有素"，以适当的方式应对"看到"的东西，例如区分对待本身的正常细胞和外来的病原体。

重要的是，这个过程是平衡的，T细胞必须同时接受正反馈和负反馈——某一种反馈出现偏失都不能够使其正常成熟。

在免疫系统的多样化团队中，细胞既可以是学生，也可以是老师。在免疫反应期间，树突状细胞、T细胞和B细胞之间存在广泛的交流。在这种支持性环境中，多轮反馈使B细胞能够更严格地控制感染，特别针对每种病原体产生特定的抗体。

各种病原体

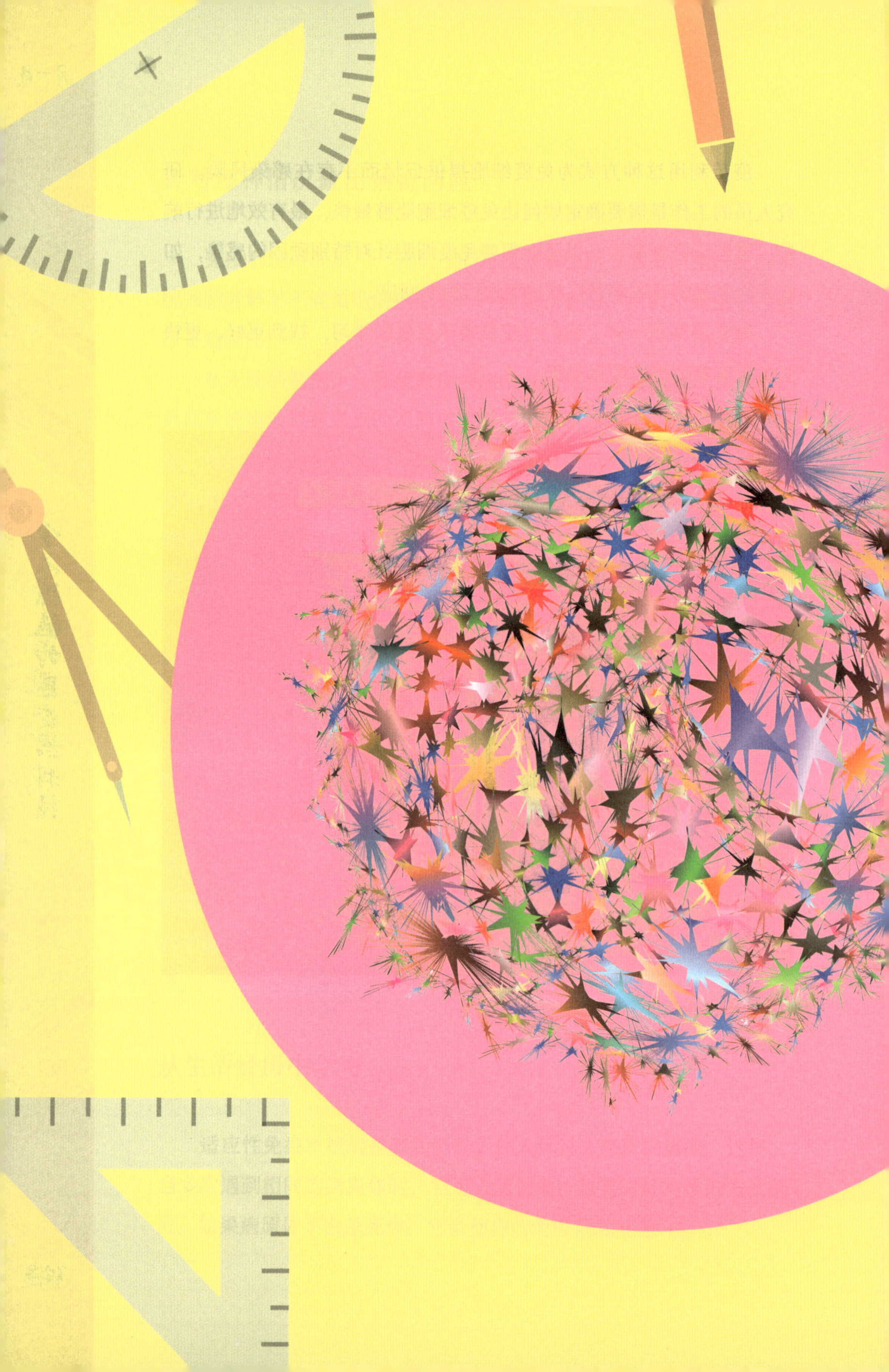

第 4 章

科技与社会

第4章

4-1 诺贝尔为什么设立和平奖？

诺贝尔奖第一届获奖名单在1901年揭晓，这个奖项迄今已经延续了一个多世纪。诺贝尔奖共设立了物理学奖、化学奖、生理学或医学奖、文学奖、和平奖五个奖项。诺贝尔奖的创立者——瑞典化学家阿尔弗雷德·诺贝尔（1833~1896）生前致力于科学发明，同时对文学也

科技与社会

诺贝尔雕像

极为感兴趣，因此设立前四种奖项并不奇怪，但他为什么会设立和平奖呢？

诺贝尔经历了欧洲格局较为混乱的时期，克里米亚战争、普法战争等多场战争都爆发于这一时期。他发明的炸药在军事上得到广泛应用，同时造成了更多人死亡。这与诺贝尔通过发明威力强大的炸药制止战争的初衷是完全背离的。因此不难想象为什么爱好和平的诺贝尔会在遗嘱中设立和平奖，他想以此倡导人们以和平为目的利用科学技术。

发明原子弹的科学家也遇到了与诺贝尔发明炸药的相同困境。作为推动美国原子弹研究的第一人，爱因斯坦在得知日本广岛遭原子弹轰炸后，对自己曾经建议美国总统罗斯福研制原子弹感到非常后悔。

核弹蘑菇云

诺贝尔为什么设立和平奖？

第4章 科技与社会

核电站

原子弹变成人类自我毁灭的工具，这对那些曾经参与或关注过原子弹研究和制造的科学家产生了巨大震动，他们大多对此感到深深的忏悔和自责。

科技的发展对人类社会的进步产生了巨大的推动作用，但科技是把双刃剑，如果使用不当，不仅不能造福于人类，反而会给人类带来巨大戕害。今天，科技的发展日新月异，重温诺贝尔和爱因斯坦当年的心路历程，无疑会带给我们更多关于科技与社会的思考。科技本无所谓对与错，它带给人类的是利还是弊，取决于人类的智慧与理性。

搞笑诺贝尔奖

你有没有听说过，坐过山车能甩出肾结石、人肉可以减肥、人类唾液可作为肮脏物体表面的清洁剂呢？在美国哈佛大学桑德斯剧场，科学界曾评选出这样一批"不正经"的科学发现和发明。这个评选毫不意外地有个"不正经"的名字，叫作Ig Nobel Prizes，中国人习惯称之为"搞笑诺贝尔奖"。

搞笑诺贝尔奖究竟在搞什么？

搞笑诺贝尔奖真的是在比谁更搞笑吗？其实不然。搞笑诺贝尔奖于1991年由美国人马克·亚伯拉罕创办，由科学幽默杂志《不可思议研究年报》主办，每年颁奖一次。

Ig Nobel Prizes是英文 ignoble（不光彩的）和 Nobel Prize（诺贝尔奖）的缩略组合。它是为了鼓励人们解决那些"伟大的困惑"，奖励那些"乍看之下很好笑，实则发人深省"的研究和研究者。

搞笑诺贝尔奖的颁奖仪式在正式的诺贝尔奖揭晓前的1~2周举行，地点在哈佛大学的桑德斯剧场。

真正的诺贝尔奖颁奖礼开始时会向瑞典王室致敬，但搞笑诺贝尔奖会向瑞典传统食品肉丸致敬。

第4章 科技与社会

马克·亚伯拉罕

搞笑诺贝尔奖到底有多"搞笑"

搞笑诺贝尔奖的奖项既包括生理学或医学奖、物理学奖、和平奖、经济学奖、文学奖等固定奖项,也包括公共卫生奖、考古学奖、营养学奖等随机奖项。

与其他学术奖项不同,搞笑诺贝尔奖没有丰厚的奖金,得不到各方赞誉,更不会使科学出现革命性进步,但是所有获奖的研究都曾在著名的杂志上发表。

获奖者需要自费前来领奖,并且只会获得获奖证书和一个用廉价材料做成的工艺品,而这个工艺品将在4周内"土崩瓦解"。

自2012年起,搞笑诺贝尔奖还加入了经济奖励:一张面值高达10万亿元的津巴布韦钞票(当年折合人民币0.2元)。

津巴布韦钞票

颁奖过程中,得奖者可以向公众解释他的成就及其应用,但是,如果解释的时间超过一分钟,台下抱着布玩偶的甜普小姐就会大叫道:"请停下吧!烦死了。"

当然,聪明的选手会给甜普小姐准备一些小礼物,试图"贿赂"她们。

按照传统,参加颁奖晚会的观众会向讲台抛掷纸飞机。是的,你没有听错!扔纸飞机可是搞笑诺贝尔奖颁奖晚会上必不可少的节目,最受喜爱和赞誉的获奖者会收获最多的纸飞机。

而典礼结束后现场都由搞笑诺贝尔奖官方"扫帚保管员"罗伊·格劳伯负责打扫。他从1991年起一直负责此事,唯一缺席的一次是 2005 年，因为那年他获得了真正的诺贝尔物理学奖，得提前动身去斯德哥尔摩领奖。

罗伊·格劳伯

这位16岁考入哈佛大学，24岁获得博士学位，提出"光子的相干性量子理论"的"扫帚保管员"有一个更响亮的头衔——量子光学之父。遗憾的是，罗伊·格劳伯教授在2018年12月26日永远地离开了我们。

做研究，我们可是认真的！

说了这么多，大家可别真以为搞笑诺贝尔奖是一场哗众取宠的笑话。虽然颁奖仪式随性而搞怪，就连奖金都好像是闹着玩儿一样，但其幕后高手可是哈佛大学的教授，很多颁奖者都是以前的正牌诺贝尔奖得主。而且从近些年的奖项来看，常规奖项的获得者基本上是专业的科学研究者和团体，而获奖的研究也都发表在专业的学术期刊上。做研究，他们可是认真的！

2000年，物理学家安德烈·海姆因其通过磁悬浮技术升起一只青蛙的研究获得搞笑诺贝尔物理学奖。

10年后，安德烈·海姆又因其"二维石墨烯材料的开创性实验"获得了真正的诺贝尔物理学奖，从而成为诺贝尔物理学奖的"双料得主"。

磁悬浮青蛙

搞笑诺贝尔奖的中国力量

虽然我国科学家在真正的诺贝尔奖中收获寥寥，但自2008年以来，多位科学家将搞笑诺贝尔奖收入囊中。

2019年，搞笑诺贝尔物理学奖出现了中国人的身影，生物学奖项也有中国人的参与。来自中国南开大学和新加坡南洋理工大学的研究团队，对比了美国蟑螂体内生物磁学特征的差异，检验标准是能否贴在冰箱上，被网友笑称为"新式冰箱贴"。

2018年，搞笑诺贝尔经济学奖项的获得者是来自中国、加拿大、新加坡和美国的研究团队，他们研究了使用虚拟巫毒娃娃对你的老板进行"报复"和"虐待"是否对你有所帮助，答案是肯定的！根据研究，员工在诅咒老板后，不但心情会更好，而且不会有被解雇或入狱的风险。

2015年，来自中国台湾的团队，因研究几乎所有体重在三千克以上的哺乳动物都可以在21±13秒之內完成排尿，荣获搞笑诺贝尔物理学奖；2019年，他们对袋熊排出正方体便便的原因和机制的研究再次获奖。

2014年，加拿大多伦多大学的李康教授和他的中国同事赢得了搞笑诺贝尔神经科学奖。他们向一组志愿者展示一系列完全随机的图像，但告诉他们这其中有一半的图像隐藏着人脸图形，结果这些志愿者认为向他们展示的图像中37%含有人脸。

2007年的搞笑诺贝尔经济学奖授予了中国台湾的学者，他发明了类似《蝙蝠侠》电影里的渔网装置，名为"即时捕获劫匪陷阱系统"，号称可将银行劫匪"一网打尽"。

看似搞笑，实则发人深省

搞笑诺贝尔奖真的只是"搞笑"吗？有人认为，搞笑诺贝尔奖会使一些认真的科学研究沦为被取笑的对象，但是多数人还是认为这个奖是非常有意义的。

真正的诺贝尔奖是用来奖励那些具有创新价值的成果，搞笑诺贝尔奖也是对那些极具创新精神的人的嘉奖。我们要意识到，现在不起眼的创新性科学成果，也许在将来会具有改变整个世界的巨大力量。

就好像法拉第演示他的圆盘发电机时，一位贵妇人问道："法拉第先生，这东西有什么作用呢？"法拉第答道："夫人，一个刚刚

法拉第

出生的婴儿有什么作用呢？"很快，因为发电机的发明，人类进入了"电气时代"，人类文明发生了质的飞跃。

近年来，越来越多的科学家开始重视对公众的科学知识传播，但很多时候曲高和寡。因为公众眼中的科学是无聊乏味、高深莫测的，只有增加了科学传播的趣味性、通俗性，科学知识才能真正走入寻常百姓家。

搞笑诺贝尔奖不只是博君一笑，更是褒扬每一位无关功利只为探索的科研工作者，向他们的初心与坚守致敬。

就像做鬼脸的科学家，逗趣的外表下有一颗勇于探索、恒于追寻的好奇心。正因如此，当中国本土的科学家首次获得搞笑诺贝尔奖后，有人说，这才是"中国本土科学家离真正的诺贝尔科学奖不远了的标志"！

核聚变：
人类未来的清洁能源

核聚变能够在一定条件下（如超高温和高压），通过氢和氦等元素的结合释放出巨大的能量。这是一种核反应的形式，在宇宙中，核聚变可以作为太阳等恒星的动力。如果核聚变技术能够在地球上使用，它可以产生取之不尽的清洁能源。

众所周知，今天的核电站主要利用核裂变技术进行发电，将重金属元素（如铀、钍和钚）的原子核分裂成更轻的原子核。该过程中使用的重金属元素具有不稳定性，可以自发裂变，导致放射性废物的污染。

核反应堆

那么，为什么我们不使用安全、清洁的核聚变能源呢？因为尽管人类在核聚变研究方面取得了重大进展，但是现有技术仍然很难达到核反应所需的条件。如果科学家能够创造出解锁核聚变能量的机器，也许在将来，核聚变会被广泛应用。

核聚变过程

与核裂变不同，原子核不会自发地进行聚变。原子核是带正电的，原子必须克服巨大的静电排斥力才能够相互接近。在宇宙中，由于恒星的巨大引力，其核心的温度、密度和体积使原子核能克服静电屏障，通过量子隧道效应[①]进行聚变。在实验室中，量子隧道效率太低，因此只能通过加热燃料核来克服障碍，其热度一般能够达到太阳中心热度的6~7倍。

即使是最简单的聚变反应（例如氢的同位素氘与氚结合形成氦和高能中子）也需要约1.2亿摄氏度的温度。在这样的极端温度下，电子会摆脱原子核的束缚，形成等离子体。等离子体在一个足够长的时间内发生核聚变并不是一件容易的事，在实验室中，科学家往往通过强磁场产生的环形磁瓶来捕获等离子体。

目前，等离子体实验已经取得部分进展，例如"欧洲联合环"可以将等离子体限制在发生核聚变所需的温度，但是仍然存在局限性：等离子体的密度和能量限制时间（等离子体冷却时间的量度）太低而不能使等离子体自发地进行核聚变。即便如此，今天的等离子实验在温度、等离子体密度和限制时间方面的聚变性能也比40年前提高了1000倍。

---

① 基本的量子现象之一，即当微观粒子的总能量小于势垒高度时，该粒子仍能穿越这一势垒。

4-3

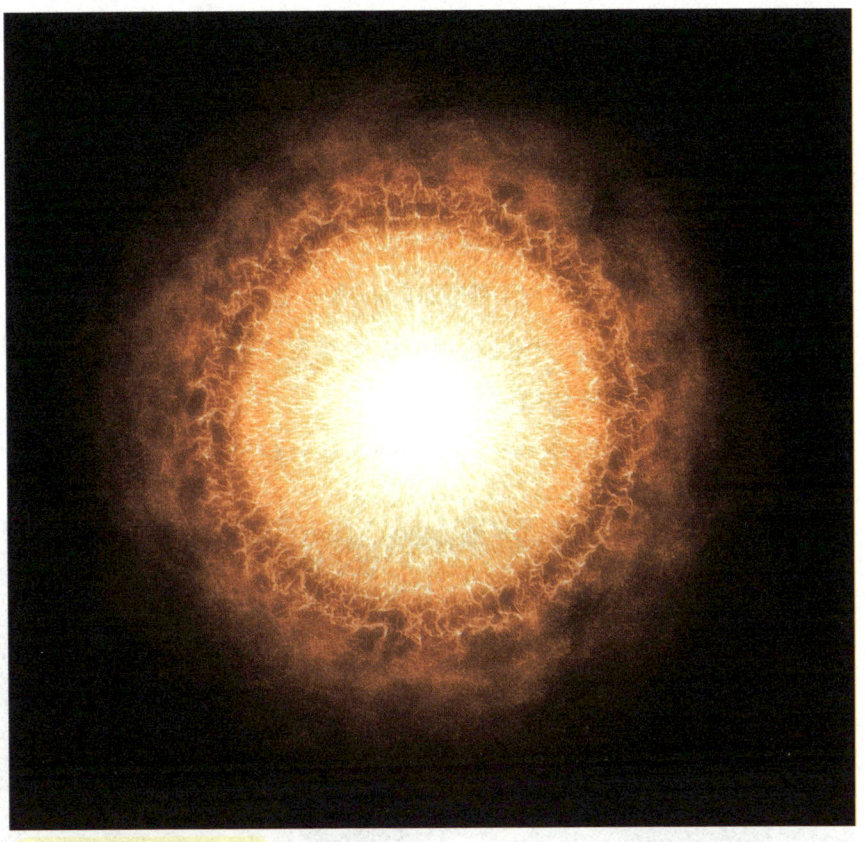

恒星的核聚变

聚变反应堆

核聚变：人类未来的清洁能源

核聚变领域正在变革

目前，科学家正在法国南部的卡达拉什建造世界上第一个国际热核聚变实验堆（ITER），目的是进行等离子体实验。ITER拥有能容纳等离子体的巨大容器、困住等离子体的强大超导磁体以及对其进行加热的精密粒子加速器和微波发生器。

ITER成本超过200亿美元，是目前地球上最大的科学项目之一。

国际热核聚变实验堆

该项目在工程和物理方面的挑战是巨大的，国际联盟已将建设任务分配到全球的数百家公司。不过，此项工作的复杂性导致了时间上的延迟和成本的增加。预计等离子体实验要到2027年才能进行。

　　ITER的目标是证实核聚变产生的能量可以提供清洁能源，最终用于商业发电。目前，第一批原型发电厂将在21世纪30年代建成，并可能产生约1千兆瓦的电力。同时，发电厂的成本也低于ITER，产生的经济效益将是巨大的，而且对环境的影响很小。

　　虽然目前核聚变技术面临的挑战很大，但其回报无疑将是巨大的。而我们所要做的就是让核聚变真正发挥作用，为人类提供源源不断的清洁能源。

4-4 屁也是清洁能源吗？

在人群中不小心放了个大臭屁，是件让人很不好意思的事。在这尴尬的时刻，人们肯定想不到，屁虽然气味难闻，却是一种清洁能源。

其实，屁里面有臭味的气体含量很少，屁的主要成分还是很"清洁"的，主要是随我们吃饭、喝水带到肠胃里的空气，还有肠道细菌分解食物所产生的二氧化碳、氢气和甲烷。

做饭用的天然气的主要成分就是甲烷，氢气也是可燃的气体。所以只要浓度足够高，屁是能点着的。科学家研究发现，如果把300个人一天的屁收集起来，燃烧后转化的电能可以供电冰箱运行一整天。

如果要选"大屁王"，奶牛可是当之无愧，它们每天通过放屁和

放屁表情包

打嗝排出的甲烷大约有500升。2014年，德国的一个牛棚发生了大爆炸，原因竟然是里面聚集了太多的牛屁，甲烷浓度太高。

甲烷分子模型

所以，科学家让奶牛背上一个大塑料袋（放屁背包），随时随地收集牛屁，用来当作燃料。这样，原本对环境有害的"牛屁"，就变成了取之不尽的能源，真是一举两得！

奶牛放屁的超强本领，我们也能想办法模仿。人们把粪便、秸秆、杂草等废物放到密封的水池里发酵，就能得到沼气。沼气的主要

沼气池

屁也是清洁能源吗？

成分也是甲烷，用它当能源可比收集"牛屁"方便多了。

除了牛屁和沼气，人们还找到了多种清洁环保的方式来获取能源：在有风的山坡或海岛，利用风力发电；在海边波浪大的地方，利用海浪发电；在日照充足的地方，利用太阳能发电……

清洁能源

有了这些清洁能源，加上平时节约用电，既可以减少环境污染，又可以降低不可再生能源的使用量。而我们生活的城市，也就能变得总是空气清新啦！

梦幻材料：
碳的七十二变

　　碳是自然界十分常见的元素之一，它以多种形式广泛分布于地球的大气和地壳中。碳是人体的重要组成元素，一个人身体里的碳占到体重的18%左右。比起一台现代计算机或智能机器人里的硅含量，人体的含碳量明显高得多。因此比起"硅基生物"，人类"碳基生物"的头衔才真正当之无愧。

　　合成和分离不同维数的新型碳素异形体，一直是过去二三十年来

碳

的研究焦点。科学家们先后发现了三维富勒体、一维碳纳米管、二维石墨烯和石墨炔（quē）等新的碳同素异形体，这些新型材料均成为国际学术研究的前沿和热点，并为其开创研究者带来了科学界的顶级荣誉——诺贝尔奖。

作为地球上有史以来最聪明的碳基生物，我们有必要了解一下碳族材料的各种面孔。多年来，这些碳族材料中的一两种已经影响了碳基生物的物质和精神生活，而另外的几种或许还会为碳基生物的未来演化提供意想不到的惊喜。

金刚石

金刚石的空间结构由4个碳原子组成的稳定正四面体交替链接而成，纯净的金刚石就是我们平常所说的钻石。钻石有各种颜色，从无色到黑色都有，所以说钻石可以是透明的，也可以是半透明或不透明的。许多钻石带些黄色，主要是因为这些钻石含有杂质。

钻石的折射率非常高，色散性能也很强，这是钻石熠熠生辉的原因。另外，钻石也是自然界中最坚硬的物质，因此有许多工业用途，如作为精细研磨材料、高硬切割工具、各类钻头、拉丝模精密仪器的部件等。

传说中，钻石总是与毒蛇共生。毒蛇真是上帝派来守护钻石的吗？当然不是，与蛇

共舞其实靠的是金刚石的独特魅力——特有的荧光现象。钻石受X光或者紫外线的照射后会发光，特别是在黑暗的地方会发出蓝、青、绿、黄等颜色的荧光，我国古时候把这种钻石称为"夜明珠"。

高山深谷中的钻石，白天受到太阳紫外线照射后，夜里会发出淡青色的荧光。这些荧光吸引了许多有趋光性的昆虫，昆虫又引来大量的青蛙，青蛙又招来许多毒蛇。环环相扣，这就是有钻石的深谷中多毒蛇的原因。

金刚石

石墨

提起钻石，人们就会联想到光彩夺目、闪烁耀眼的情景，但因它的昂贵价格，大多数人只能望而却步。尽管如此，人们对钻石还是很向往的。天然的钻石非常稀少，世界上重量大于1000克拉（1克=5克拉）的钻石只有两颗，我国迄今为止发现的最大的钻石重158.786克拉，称为"常林钻石"。

物以稀为贵，正因为天然钻石很罕见，人们就想用人造钻石来代替它，自然就想到了钻石的"孪生"兄弟——石墨。石墨是钻石的同素异形体，原子间构型为正六边形的平面结构，呈片状。

石墨可用作抗摩剂和润滑材料，制作坩埚、电极、干电池、铅笔芯等，也常被称为炭精或黑铅，因为以前常被误认为是铅。

石墨还可以在高温、高压下形成人造钻石。人造钻石也是贵重宝石，中国拥有人造钻石的技术。但需要注意的是，石墨与钻石的物理性质有天壤之别，钻石是目前最硬的物质，而石墨却是最软的物质之一。

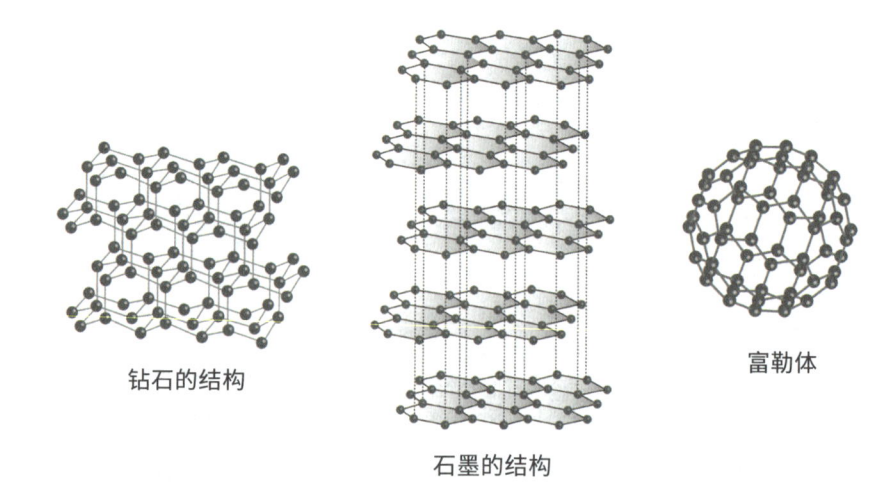

钻石的结构

石墨的结构

富勒体

富勒体、碳纳米管、石墨烯

科学家在1985年制备出了C_{60}，又在1989年用实验证实了C_{60}的笼型结构，C_{60}的结构和建筑师富勒的代表作相似，故被称为富勒烯。任何由碳单种元素组成，以球状、椭圆状或管状结构存在的物质，都可以被叫作富勒体。富勒体与石墨结构类似，但石墨的结构中只有六元环，而富勒体中存在五元环。

碳纳米管是中空富勒体管，这些碳管通常只有几纳米宽，但是它们的长度可以达到1微米甚至1毫米。碳纳米管通常是终端封闭，也有终端开口的。碳纳米管的独特分子结构导致它们有奇特的宏观性质，如高抗拉强度、高导电性、高延展性、高导热性和化学惰性[①]。潜在应用方式是可以制成纸电池，也可能应用于太空电梯的高强度碳缆。

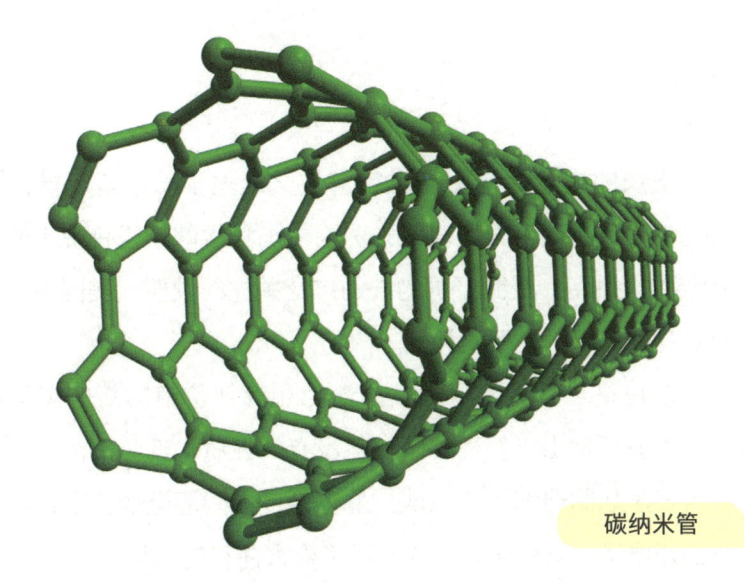

碳纳米管

① 因为呈圆筒状或平面状，没有裸露原子能被轻易取代。

石墨烯就是石墨中的单层六元环结构，石墨烯一层层叠起来就是石墨，厚1毫米的石墨大约包含300万层石墨烯，铅笔在纸上轻轻划过，留下的痕迹就可能是几层石墨烯。

2004年，英国科学家将石墨薄片的两面粘在一种特殊的胶带上，撕开胶带就能把石墨片一分为二。不断地这样操作，直到薄片越来越薄，最终得到了仅由一层碳原子构成的薄片，这就是石墨烯。

在发现石墨烯以前，大多数物理学家认为，热力学涨落不允许任何二维晶体在有限温度下存在。所以，单层二维石墨烯的发现立即震撼了学术界，被认为是一种具有革命性的材料。

石墨烯具有质量轻、化学稳定性高等优点，随着批量化生产以及大尺寸等难题的逐步突破，石墨烯的产业化应用步伐正在加快，最先实现商业化应用的领域可能会是移动设备、航空航天、新能源电池领域。

石墨炔

石墨炔的成功合成使碳材料家族又诞生了一个新成员，开辟了人工化学合成新碳素异形体的先例。中国科学院李玉良院士的团队于2010年首次制备，受到了国内外的广泛关注，欧盟、美国也已将石墨炔的研究列入下一个框架计划。

石墨炔是一种具有很大发展潜力和商业价值的新的碳同素异形体，它能够呈现出已发现的碳材料没有的性质。近年来，科学家已经在利用石墨炔制造锂离子电池、催化剂、太阳能电池、电化学驱动器等方面开展了一系列研究，并取得了引人注目的成果。

2019年10月，诺贝尔化学奖颁给了锂离子电池的研究者。放眼望去，我们现代生活中只要涉及储能、充放电的领域，几乎都有锂离子电池的身影。日本化学家吉野彰博士对锂离子电池的核心贡献，就是在锂离子电池的负极中使用了一种可以容纳锂离子的碳材料——石油焦。

石油焦是一种高度芳构化的高分子碳化物，其碳网格片状体之间的叠合比较整齐，经高温煅烧极易石墨化，是现代石墨电极的主要原材料。锂离子电池具有当时其他电池无法比拟的机理优势，它的充放电只需锂离子在负极和正极之间来回流动，并不依靠分解电极的化学反应。

吉野彰博士解决了锂电池电压低、电池不稳定、极易爆炸等问题，于1985年研发了首个具有商业用途的锂离子电池。

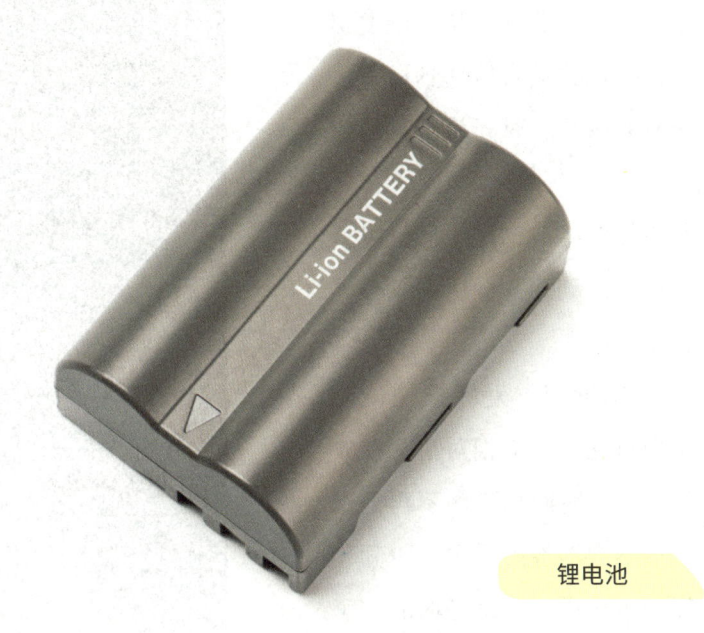

锂电池

4-6 人类能否穿越时空？

在电影《星际穿越》中有一个重要情节，就是男主角库珀在黑洞中向生活在过去的女儿和自己发出信号。人可以将信号传递到过去，这很像时光旅行。时光旅行真的能实现吗？

在牛顿的经典物理学理论中，时间是绝对流动的，他认为人类不可能穿越回过去。

到了20世纪，爱因斯坦创立了狭义相对论和广义相对论。在狭义相对论中，时间和空间不再是绝对的，在不同的参照系中，时间和空间都会不一样。一个经典的例子是，如果一个人乘坐以接近光速运动的飞船旅行一圈再回来，他所携带的时钟与当地的时钟做比较，就会变慢一些。在广义相对论中，时间和空间会被能量扭曲，这样，在不同的空间点，相同的时钟走的速

度也会不一样。一个极端的例子是黑洞，在黑洞边缘，时钟走得非常慢。比方说，如果一个航天员到黑洞边缘走一圈再回到原处，他所携带的时钟和当地的时钟相比可能就变慢了很多。

黑洞边缘

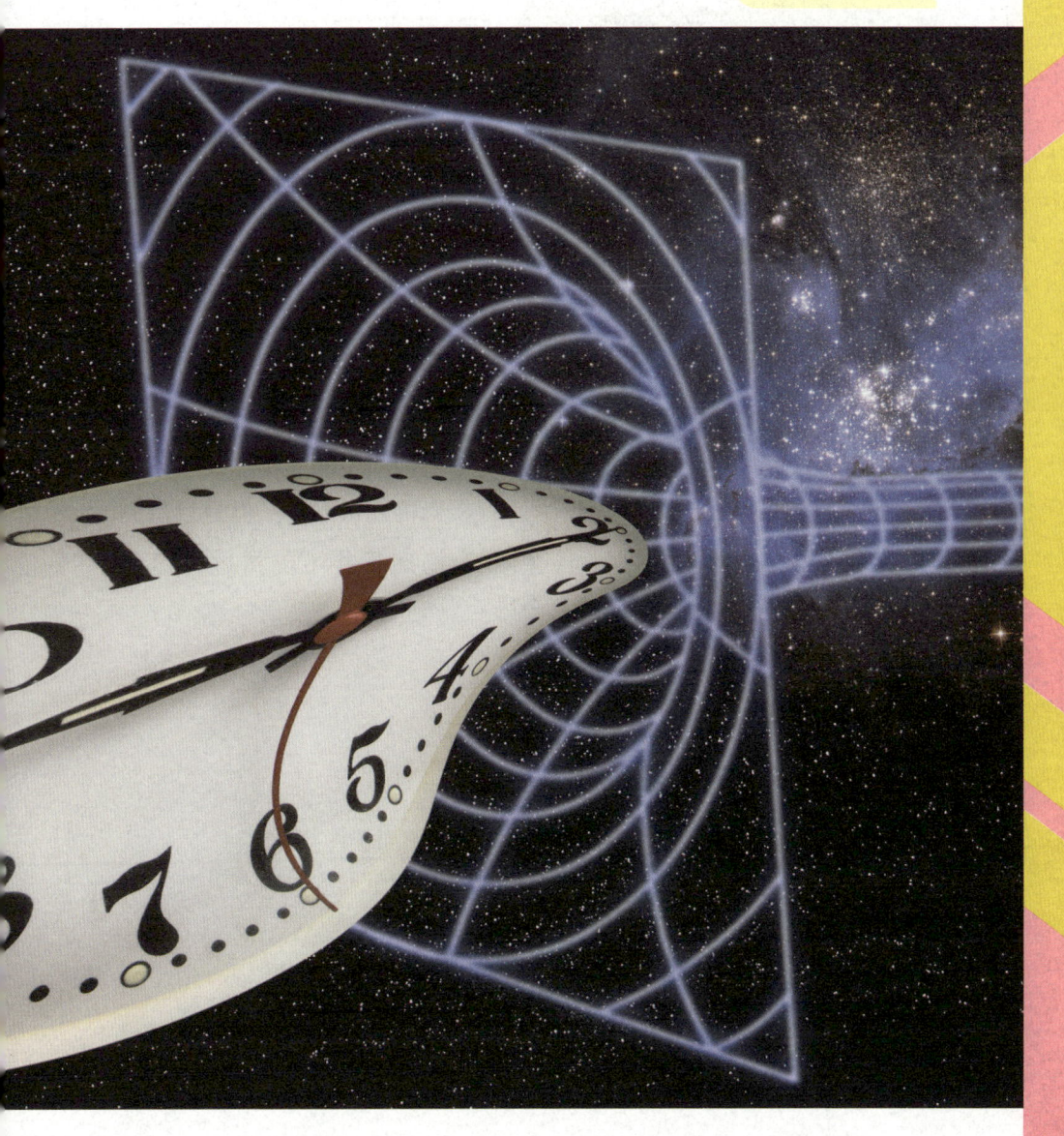

第4章 科技与社会

那么是否存在一种情况：一个人顺着某个轨迹（虫洞）运动再回到原来的空间点，就能够回到过去？或者根据狭义相对论，一个物体能够以超出光速的速度旅行，时间也能倒回？物理学家研究发现，要实现以上两种情况的时空穿梭需要负能量，负能量是制造时光机的一个重要条件。到目前为止，人们还没有发现产生负能量的手段，因此，时光机还不存在。总的说来，虽然我们还不能完全排除制造时光机的可能性，但是目前的物理学并不支持这种可能性。

动画片《哆啦A梦》里的时光机

4-7 如何像科学家一样思考?

奥恩布鲁格是一位奥地利医生，他一直被"如何检查人的胸腔积水"这个问题困扰着。有一天，奥恩布鲁格看见父亲仅用手敲一敲酒桶，凭叩击声就能知道桶内有多少酒，他便想到：人的胸腔和酒桶相似，如果用手敲一敲胸腔，是不是也能凭声音判断出胸腔中积水的多少呢？就这样，"叩诊"的方法被发明出来了。

奥恩布鲁格

科学家勤于动脑、善于思考的科研精神让我们钦佩，我们在学习和生活中可以借鉴科学家的哪些思维方法呢？

首先，必不可少的是发散思维。发散思维指思维沿着许多方向扩展，最终产生多种可能的答案，因而容易产生有创见的新颖想法。发散思维为想象力和创新的源泉提供了流通的渠道。

有了发散思维，还需要聚合思维的配合。聚合思维是指从已知信息中产生逻辑结论，从现成资料中寻求正确答案的有方向、有范围、有条理的收敛性思维方式。

教师常说的"张开想象的翅膀"，或是我们常见的"一题多解"，都是发散思维的体现，而公式的证明过程、阅读理解分析、学习及复习时的归纳总结，也正是聚合思维的用武之地。可见，学生学习新知识的过程，和科学家致力于新发现、新发明的过程，有异曲同工之妙。说不定，今天认真学习的你们，明天就是某一领域的杰出科学家。一切皆有可能，必须从现在开始努力！

图书在版编目（CIP）数据

生活大爆炸 / 中国科普研究所科学媒介中心编著
. -- 北京：朝华出版社，2024.4
ISBN 978-7-5054-5006-6

Ⅰ.①生… Ⅱ.①中… Ⅲ.①科学知识—青少年读物
Ⅳ.①Z228.2

中国版本图书馆CIP数据核字(2022)第013722号

生活大爆炸

编　　著	中国科普研究所科学媒介中心
选题策划	袁　侠
责任编辑	王　丹
特约编辑	刘　莎　乔　熙
责任印制	陆竞赢　崔　航
封面设计	奇文雲海 [www.qwyh.com] 璞茜设计
排　　版	

出版发行	朝华出版社		
社　　址	北京市西城区百万庄大街24号	邮政编码	100037
订购电话	(010) 68996522		
传　　真	(010) 88415258（发行部）		
联系版权	zhbq@cicg.org.cn		
网　　址	http://zhcb.cicg.org.cn		
印　　刷	天津市光明印务有限公司		
经　　销	全国新华书店		
开　　本	710mm×1000mm　1/16	字　数	117千字
印　　张	9		
版　　次	2024年4月第1版　2024年4月第1次印刷		
装　别	平		
书　　号	ISBN 978-7-5054-5006-6		
定　　价	49.80 元		

版权所有 翻印必究·印装有误 负责调换

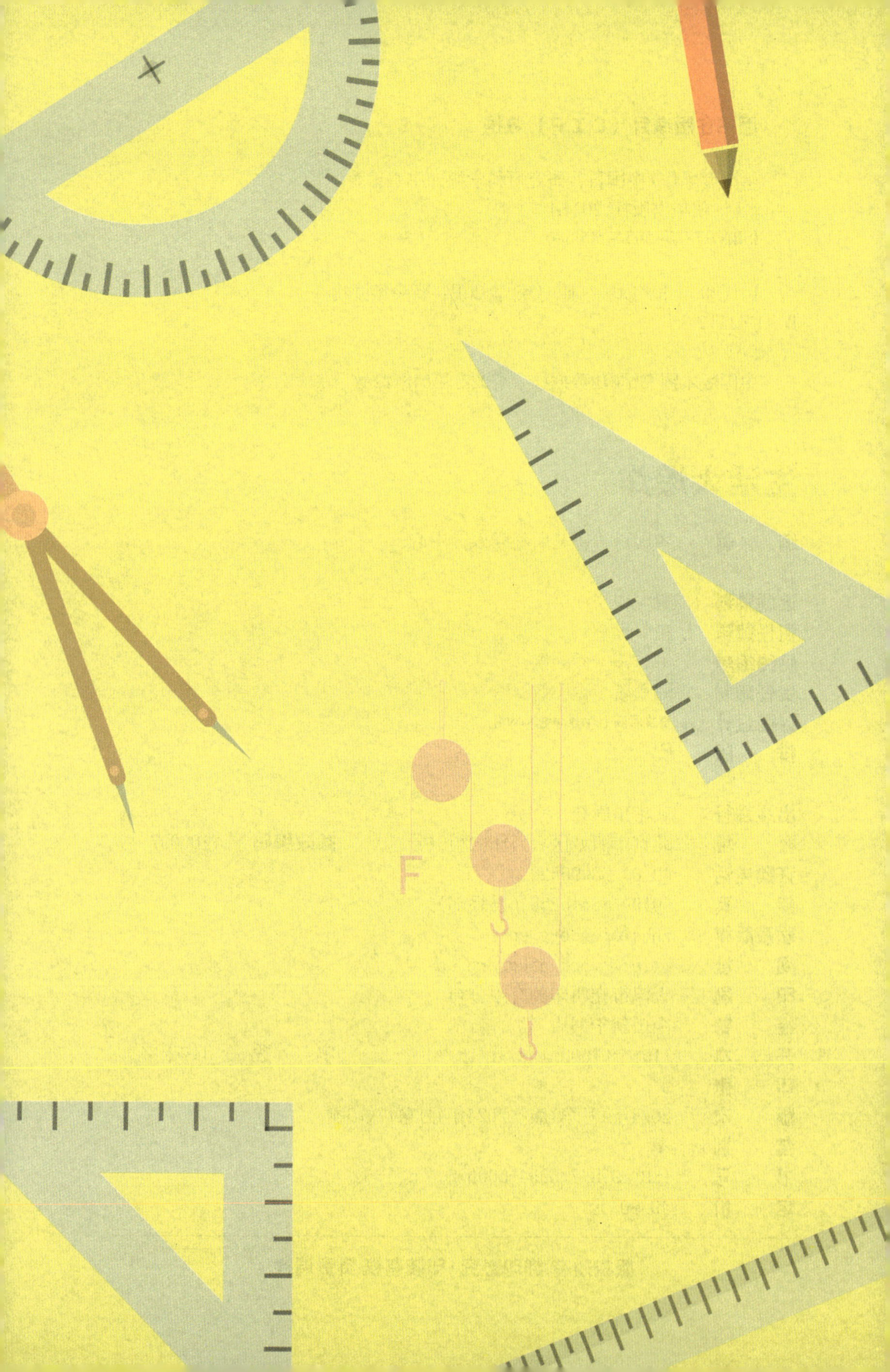
F